本书得到教育部人文社会科学研究一般项目"'一带一路'背景下的海外派遣员工的心理授权与绩效研究"（17XJA630005）、四川省哲学社会科学项目"'一带一路'战略下的外派员工助力国际化战略实现的路径研究"（SC19B101）、四川师范大学学术著作出版基金资助。

Research on the Influence Mechanism of
Safety Performance of Expatriate
Employees in Construction Enterprises

施工企业外派员工
安全绩效的
影响机制研究

胡　艳◎著

社会科学文献出版社
SOCIAL SCIENCES ACADEMIC PRESS (CHINA)

序　言

　　"一带一路"倡议是近 200 年来首次以中国为主导的国际开发合作框架，也是保证国土安全发展的屏障。该倡议的实施不但为中国经济发展开创了新的增长点，也给共建"一带一路"国家提供了极大的发展机遇。中国企业不断加深与共建"一带一路"国家的双向投资合作，但如何推动企业的国际化战略仍面临不少问题。国际合作不仅仅是企业间的资金、技术、人才和产业等商贸的交流，更是思想观念、异质文明和品牌效应等的人文融合。对外派员工管理不当极有可能影响合作交流与技术发展，并最终对企业国际化战略的实现产生影响。

　　本书选取建筑业作为研究对象。建筑业是中国对外劳务合作优势行业，长期占据中国对外劳务合作行业规模首位。由于建筑劳动力成本高，中国外派员工和在外人员规模整体缩小，海外雇佣所在国人员数量有所提升，中高端劳务资源逐步成为外派主力。随着高素质劳动力占比的提高，对外派员工的管理方式可能发生转变。中国建筑业的海外施工项目面临着如何推动高素质劳动力充分发挥自身效能、提高安全绩效、推动企业国际化战略落地的问题。具体而言，本书拟解决以下四类问题。①在"一带一路"工程项目建设中，外派员工的外派适应是否与员工的安全绩效相关？一般适应、互动适应与工作适应存在怎样的作用机制？②外派员工的工作不安全感是否与员工的安全绩效相关？如果外派员工的外派适应能力不强，是否会加剧员工的工作不安全感？③心理授权是否会对安全绩效产生影响？具有不同心理授权水平的员工，是否会改变外派适应能力对安全绩效的影响？④跨国公司的外派管理实践需要注意哪些方面，以尽力提高外派员工的适应能力？

　　本书共分为六章。第一章是问题的提出，主要阐述研究背景和研究意义、研究框架和概念界定；第二章是理论基础和文献梳理，从心理授权、工作不安全感、外派适应和外派管理实践四个角度梳理了相关研究，为后续模型构建奠定基础；第三章是理论模型构建，拓展和深化自我决定理论和资源交换理论等在外派安全领域中的应用，分别从员工内部（心理授权）和外部（外派管理实践）考量其对跨文化适应能力的影响并提出研究假设，随后系统地描绘了变量关系图；第四章是研究设计，确定主要研究变量的量表，并对研究样本进行描述；第五章是实证结果分析，利用某航务工程局有限公司外派员工的数据进行实证分析和验证，梳理中国跨国施工企业员工的安全绩效的影响因素及内在机理；第六章是研究结论与实践启示。

　　本书的主要特色体现在以下三个方面。①综合考虑了外派适应、工作不安全感和心理授权等因素，以求更全面地解释和提高安全绩效，以贴合实践的发展需求。②结合外派员工特点的变化，从积极心理学的角度，思考心理授权在海外企业或者跨国组织的运用。③进一步考虑了组织支持，将积极心理学、组织支持理论的研究范式与思想相结合，提出海外企业发展过程所需要的管理模式与方法，切实打造安全工程和精品工程，树立国之形象。

　　感谢许白龙对问卷设计和发放方面的支持。

　　由于水平有限，书中错误和不足之处在所难免，恳请广大读者批评指正。

胡　艳

2022 年 10 月

摘　要

　　为探究施工企业外派员工安全绩效的影响因素，本书基于自我决定理论和资源交换理论，从心理授权和外派管理实践等内外部资源的角度考量其对外派适应的影响。本书基于施工企业问卷调查的数据，通过实证检验得出以下结论。第一，外派适应是安全绩效的重要前因变量；工作适应与安全绩效直接相关，是强化外派员工安全绩效的关键子维度；互动适应和一般适应通过工作适应对安全绩效产生影响。第二，外派适应通过改善工作不安全感来影响安全绩效。施工企业外派员工存在一定程度的工作不安全感，对"回任安排"方面的担忧最盛，影响到自身安全绩效。外派适应好的员工能够缓和"薪酬福利"、"回任安排"和"工作能力"方面的不安全感，增强对"工作丧失"方面的不安全感。第三，心理授权是外派员工关键的内部资源。心理授权正向调节了外派适应对员工安全绩效的影响。更进一步地，心理授权正向调节了"互动适应—工作适应—安全绩效"之间的中介关系。第四，组织支持是重要的社会支持资源。"走出去"的中国施工企业高度重视施工安全和工程质量，为此会严格工程控制，落实安全生产责任制，弘扬工匠精神，打造精品工程和放心工程。安全氛围的构建能够提升安全绩效。同时，企业的外派管理实践不仅直接对员工安全绩效产生正向影响，还能够通过影响员工的外派适应能力对员工安全绩效产生间接影响，尤其是工作适应能力。上述结论体现了施工企业的特点，一方面，施工企业的工作任务导向和安全细则十分明确；另一方面，施工企业外派员工的业余时间较少、业余活动范围受限，弱化了外派员工一般适应和互动适应的内在动力，造成二者对安全绩效的作用并不明显。该研究结论补充了中国跨国企业情境下的安全领域新证据，未来可以进一步思考跨文化管理的必要性和差异性。

跨国施工公司可以从三个方面完善相关实践。一是完善外派员工管理机制，包括建立适当的外派员工筛选机制，挑选具有较强外派适应能力的员工；制定完善的组织生活支持保障，包括制定完备的海外工作手册、合理公平的薪酬考核标准和福利政策、员工间的互动体系和属地人才"选、用、育、留"体系；提供明确的外派工作职位发展路径，吸引并留住国际化人才。二是加强海外项目的文化安全意识和精神文化建设。三是给予外派员工充分授权和决策自由，构建畅通的组织沟通氛围。

Abstract

In order to explore the factors affecting the safety performance of expatriates of construction enterprises, this book is based on the theory of self-determination and resource exchange, and considers the impact of internal and external resources, such as psychological empowerment and expatriate management practices, to their expatriate adaptation. The empirical test based on the questionnaire survey of construction enterprises shows that: First, expatriation adaptation is an important antecedent variable affecting safety performance. Work adaptation is directly related to safety performance and is a key sub dimension to strengthen the safety performance of expatriates. Interactive adaptation and general adaptation affect safety performance through work adaptation. Second, expatriate adaptation affects safety performance by improving job insecurity. Expatriate employees of construction enterprises have a certain degree of job insecurity, and they are most worried about the "return arrangement", which affects individual safety performance. Employees who are well adapted to the assignment can ease the insecurity in "salary and benefits", "return arrangement" and "work ability", and improve the insecurity in "job loss". Third, psychological empowerment is a key internal resource for expatriates. Psychological empowerment positively adjusted the positive impact of expatriation adaptation on employee safety performance. Furthermore, psychological empowerment positively regulates the intermediary relationship between "interaction adaptation-work adaptation-safety performance". Fourth, organizational support is an important social support resource. Chinese construction enterprises that "go global" attach great importance to construction safety and project quality, so they will strictly control the project, implement the responsibility system for safe production, promote the spirit of craftsmanship, and create high-quality projects and reassurance projects. The construction of safety atmosphere can improve safety performance. At the same time, the enterprise's expatriation management practice can not only directly have a positive impact on employee safety performance, but also have an indirect impact on employee safety performance by affecting employees' expatriation adaptability, especially their job adaptability. The above conclusions reflect the characteristics of the construction enterprises. On the one hand, the task orientation and safety rules of the construction enterprises are very clear, on the other hand, the spare time of the expatriates of the construction enterprises is less and the scope of their spare time activities is limited, which weakens the internal motivation of the general adaptation and interactive adaptation of the expatriates, resulting in that the role of the two in the safety performance is not obvious. This research conclusion not only supplements the new evidence that the safety field adds Chinese multinational enterprise situations, but also inspires scholars to further consider the necessity and differences of cross-cultural management.

Multinational construction companies can improve relevant practices from three aspects: First, improve the expatriate management mechanism, including establish an appropriate expatriate screening mechanism, and select employees with high expatriate adaptability; Formulate a complete organizational life support guarantee, including a complete overseas work manual, reasonable and fair salary assessment standards and welfare policies, an interaction system among employees and a "selection, employment, education and retention" system for local talents; To provide a clear development path for expatriate jobs and attract and retain international talents. Second, strengthen the cultural safety awareness and spiritual culture construction of overseas projects. Third, provide expatriates with full authorization and decision-making freedom, and build a smooth organizational communication atmosphere.

目　录

CONTENTS

第一章

施工企业外派员工数量增长与安全绩效问题的提出

第一节　研究内容

一　研究背景

2015 年 3 月 28 日，国家发展改革委、外交部、商务部联合发布了《推动共建丝绸之路经济带和 21 世纪海上丝绸之路的愿景与行动》。"一带一路"倡议是近 200 年来首次以中国为主导的国际开发合作框架，也是保证国土安全发展的屏障。该倡议的实施不但为中国经济发展开创了新的增长点，也给共建"一带一路"国家提供了极大的发展机遇。在此背景下，中国企业海外投资和员工派遣呈现以下特点。

（一）"一带一路"倡议推动中国企业走出国门，投资安全问题值得关注

党的十八大以来，中国对外投资合作稳步健康发展，规模不断扩大、结构不断优化、效益不断提升。根据商务部统计，2015～2021 年，中国企业对共建"一带一路"国家直接投资超过 1100 亿美元，在共建"一带一路"国家完成对外承包工程合同额超过 9000 亿美元，完成营业额近 6000 亿美元（见表 1－1）。中国与 50 多个国家签署了产能合作协议，与法国、意大利、西班牙、日本、葡萄牙等国签署了第三方市场合作文件。不仅如此，中国企业还在共建"一带一路"国家建设了一批境外经贸合作区，使其成为当地经济增长、产业集聚的重要平台。

表 1-1　2015～2021 年中国企业对共建"一带一路"国家投资情况

年份	直接投资			对外承包				
	国家数量（个）	投资金额（亿美元）	同比增长（%）	新签合同数（份）	新签合同额（亿美元）	占比（%）	营业额（亿美元）	占比（%）
2015	49	148.2	18.2	3987	926.4	44.1	692.6	45.0
2016	53	145.3	-2.0	8158	1260.3	51.6	759.7	47.4
2017	59	143.6	-1.2	7217	1443.2	54.4	855.3	50.7
2018	56	156.4	8.9	7721	1257.8	52.0	893.3	52.8
2019	56	150.4	-3.8	6944	1548.9	59.5	979.8	56.7
2020	58	177.9	18.3	5611	1414.6	55.4	911.2	58.4
2021	57	203.0	14.1	6257	1340.4	51.9	896.8	57.9
合计	—	1124.8	—	45895	9191.6	—	5988.7	—

资料来源：商务部网站，http://fec.mofcom.gov.cn/article/fwydyl/tjsj/。

　　根据表 1-1 和图 1-1 可知，中国对外投资金额在 2020 年后有部分提升，对外承包的新签合同额和营业额在 2020～2021 年增速有所放缓。主要原因是 2020 年新冠疫情深刻影响了各国经济社会发展，世界经济萎缩 3.3%。以习近平同志为核心的党中央统揽全局，及时做出统筹疫情防控和经济社会发展的重大决策，中国成为全球主要经济体中唯一实现经济正增长的国家。根据《2021 年世界投资报告》，2020 年中国对外直接投资逆势增长，流量为 1537.1 亿美元，首次跃居世界第一，占全球的份额为 20.2%。中国与共建"一带一路"国家携手抗疫，共克时艰。据商务部发布的数据，2021 年，中国企业对共建"一带一路" 57 个国家进行了非金融类直接投资；货物贸易额为 11.6 万亿元，创 8 年来新高，同比增长 23.6%，占中国外贸总额的比重达 29.7%。

　　从上述数据可以看出，中国对世界经济的贡献日益突出。"一带一路"多年的建设和发展一直保持着旺盛的生命力和高速的增长率，

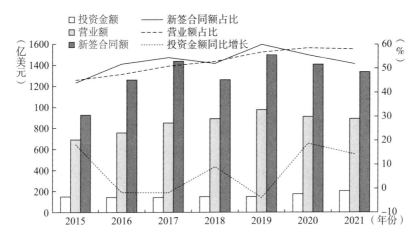

图 1 - 1　2015～2021 年中国企业对共建"一带一路"国家投资变化趋势

资料来源：商务部网站，http://fec. mofcom. gov. cn/article/fwydyl/tjsj/。

成为双方贸易不断扩大和创新的基础。"一带一路"倡议从提出到落地、从构想到现实，取得了骄人的成绩，在中国对外经贸合作中的分量越来越重，这也体现了中国作为最大的发展中国家和全球第二大经济体，对推动国际经济治理体系朝着公平、公正、合理方向发展的责任和担当。

但是在面对巨大商机的同时，需要注意国外逆全球化、保护主义和单边主义抬头的趋势。"一带一路"所涉及国家的经济发展程度、政治体制、文化历史、宗教状况千差万别。这一区域既是地缘政治冲突的热点地带，也是全球主要政治力量角逐的焦点区域。2022 年 3 月，中国国际贸易促进委员会研究院发布《中国企业对外投资现状及意向调查报告（2021 年版）》，指出中国对外投资企业在东道国投资经营时最担心遇到的非商业性困难与挑战是疫情影响仍在持续（87.6%）；商业性困难与挑战是投资回报率下降（52.2%，较上年上升 2.1 个百分点）。44.8% 的企业表示其在向共建"一带一路"国家投资时存在人、财、物的安全风险，该比例较上年上升 4.5 个百分点。中国企业需要注意经济风险、政治风险、法律风险、市场风险、汇率风险等对双边贸易的影响。

（二）中国企业对外直接投资助力供给侧结构性改革，推动国内经济高质量发展

2014 年，中国经济进入新常态，人口红利逐渐衰减，国内市场需求疲软。2015 年，国有企业实现利润总额 23027.5 亿元，同比减少 6.7%。① 利润的急速降低预示着国有企业制定深化改革、拉动发展的措施刻不容缓，中国经济亟须转向高质量发展。2015 年 11 月 10 日，在中央财经领导小组第十一次会议上，习近平总书记提出"推进经济结构性改革，要针对突出问题、抓住关键点。要促进过剩产能有效化解，促进产业优化重组。要降低成本，帮助企业保持竞争优势"②，即在刺激总需求的同时，推动供给侧结构性改革。2015 年 11 月 15 日，在二十国集团领导人第十次峰会上，习近平总书记再次提到，需要推动创新驱动，重视供需协同发力。随后，习总书记就深化供给侧结构性改革多次做出重要的工作指示，供给侧结构性改革成为中国经济工作的核心。"去产能、去库存、去杠杆、降成本、补短板"是经济改革的五大着力点。

中国企业对外直接投资发展迅速，有利于促进供给侧结构性改革。根据商务部发布的历年《中国对外直接投资统计公报》可知，中国对外直接投资涵盖了国民经济的 18 个行业大类，主要流向租赁和商务服务业、制造业、批发和零售业、金融业。其中，制造业是增长最快的产业，有利于实现去产能、去库存。2020 年，中国对外直接投资的制造业规模为 258.4 亿美元，占全部对外直接投资的比重为 16.8%。根据表 1 - 2 可知，中国对美国、欧盟、东盟直接投资的制造业规模及其所占比重提升明显。2020 年，中国对美国和东盟制造业的直接投资规模分别为 45.53 亿美元和 63.38 亿美元，占各自的比重为 75.60% 和 39.50%；2019 年，中国对欧盟制造业的直接投资规模为 55.85 亿美元，投资比

① 《2015 年 1 - 12 月全国国有及国有控股企业经济运行情况》，2016 年 1 月 27 日，http://www.gov.cn/xinwen/2016 - 01/27/content_5036504.htm？mType = Group。
② 《以经济结构性改革解决重点问题》，2015 年 11 月 11 日，http://jjckb.xinhuanet.com/2015 - 11/11/c_134803385.htm。

重超过 50%，2020 年投资规模和占比均有所下降。三者对比可知，中国加大了对东盟的对外直接投资，充分体现了中国—东盟经贸互补性、韧性、活力。国别间合作，丰富了其国内产业体系，带来了较大的溢出效应。

表 1-2 2011~2020 年中国对美国、欧盟、东盟直接投资的制造业规模及其所占比重

单位：亿美元，%

指标		2011 年	2012 年	2013 年	2014 年	2015 年	2016 年	2017 年	2018 年	2019 年	2020 年
美国	规模	7.81	11.56	8.62	18.04	40.08	59.95	36.04	30.81	23.19	45.53
	比重	43.13	28.55	22.26	23.75	49.93	35.30	56.10	41.20	60.87	75.60
欧盟	规模	6.47	18.06	18.05	12.86	30.23	36.55	53.22	40.10	55.85	31.11
	比重	8.56	29.51	39.91	13.14	55.17	36.57	51.83	45.20	52.19	30.80
东盟	规模	5.69	9.88	11.89	15.22	26.39	35.44	31.74	44.97	56.7	63.38
	比重	9.63	16.20	16.36	19.49	18.07	34.48	22.48	32.80	43.5	39.50

资料来源：2011~2020 年《中国对外直接投资统计公报》。

为了实现去杠杆效应，中国对外直接投资的方式不断优化，以减少金融风险。2006~2020 年，中国债务工具投资的规模占比从 44.1% 下降到 12.4%，2015 年最低，为 7.6%（见图 1-2）。中国境外企业经营状况良好，当期收益再投资占比有所提升，除 2018 年外，2017~2020 年占比不低于 44%，其中 2020 年的占比为 46.6%，创历史最高值。以上数据表明，中国企业紧抓国内供给侧结构性改革的契机，拓展国际市场，转移国内过剩行业的产能，有效提升企业的利润。中国对外直接投资中的去杠杆成效较为明显，有效实现了"去产能、去库存、去杠杆、降成本、补短板"。

（三）海外派遣人员规模不断扩大，中高端劳务资源逐步成为外派主力

在"一带一路"倡议全面推进并逐步转变为共识的背景下，中国对外经济合作取得稳步发展，海外派遣人员总体规模保持扩大趋势。图 1-3 显示，2013~2019 年，中国每年派出各类劳务人员约为 50 万人，其中 2014 年最高，为 56.2 万人；每年期末在外各类劳务人员约为 100

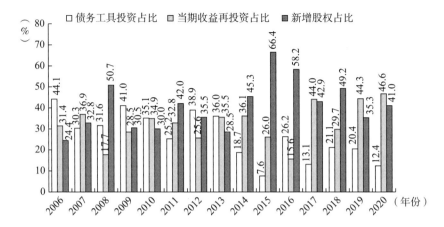

图 1 - 2 2006 ~ 2020 年中国对外投资流量构成

资料来源：2006 ~ 2020 年《中国对外直接投资统计公报》。

万人。截至 2019 年 12 月底，中国对外劳务合作业务累计派出各类劳务人员 1000.15 万人次。

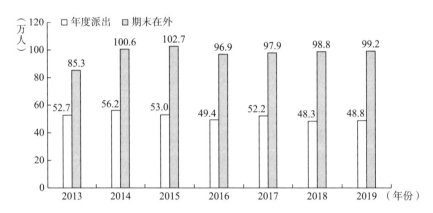

图 1 - 3 2013 ~ 2019 年中国对外劳务合作发展情况

资料来源：根据商务部统计数据和《2019—2020 中国对外劳务合作发展报告》整理。

根据《2019—2020 中国对外劳务合作发展报告》，中国在外各类劳务人员派遣呈现以下特点。①行业分布变化明显，主要行业占比增大。我国在外劳务人员主要分布在建筑业、制造业和交通运输业三大传统行业。2019 年，三大行业在外各类劳务人员的人数合计为 71.89 万人，占全部在外劳务人员总数的 72.5%。其中，建筑业在外 42.55 万人，占比达 42.9%。②对外承包工程项目雇佣项目所在国人员数量有所下降。截至 2019 年 12 月末，中国对外承包工程项目共雇佣项目所在国人员 77.92 万人，相比 2018 年的 84.25 万人有一定程度的回落。

除此之外，中高端劳务资源逐步成为外派劳务关注的重点。一方面，我国劳务人员在传统劳务市场已经不具备低成本竞争优势；另一方面，随着国民收入水平的提高，外派员工的知识视野、法律意识和收入要求都大幅度提高，因此促进高素质劳动力之间的要素互补和技术输出成为推动和完善对外投资、对外承包工程、经贸合作区建设的有力保障和未来之路。那么，随着高素质劳动力占比的逐步提高，外派员工的管理方式是否需要发生转变？应如何推动高素质劳动力充分发挥自身效能，推动对外投资等业务的开展和建设？特别地，对外劳务合作优势行业——建筑业如何保障项目的建设安全、助力企业国际化战略的落地？以往研究表明，员工是企业行为的具体执行者。廖可兵等（2006）指出，当今世界上所有系统失误中，有 70%～90% 直接或间接源于人的因素。员工行为是导致大部分事故发生的最后一个且最为普遍的路径。员工若能够充分发挥自身效能，及时、安全地完成各类项目，将在一定程度上提升企业绩效，更进一步地影响国家和企业战略的最终落地。为此，结合对外投资需求和外派员工结构变化，本书基于中国建筑企业海外施工项目视角，试图探究和解决以下问题。

1. 外派适应问题

作为外派员工，首先面临的压力问题是能否适应跨文化背景，这也是外派员工在国际外派任务中成功与否的决定性因素（Templer et al.，2006）。海外工作环境艰苦、生活单调枯燥、员工情感隔离，以及日益严峻紧张的安保形势、跨文化交流障碍，都极易引发员工的不稳定情绪（郭春华，2012）。员工的心理特性具有自然属性和社会属性，受到个体和环境因素中非规律性的随机因素影响（胡晓娟、吴超，2009）。员工的外派适应能力能够影响自身行为，但有关外派适应能力和员工安全行为之间的研究很少。虽然 Black 和 Stephens（1989）很早就将外派适应划分为一般适应、互动适应和工作适应三个维度，但外派适应研究多从整体角度考量其与外派绩效之间的关系（Taiwan et al., 2017），较少从企业实际需求出发，探究外派适应各维度之间的适应机制（王亮、牛雄鹰，2018）。因此，我们需要探讨的第一类问题是：在中国企业海外施工项目建设中，外派员工的外派适应是否与员工的安全绩效相关？一般适应、互动适应与工作适应存在怎样的作用机制？

2. 工作不安全感问题

组织行为学和心理学的研究表明，工作不安全感与个人的消极态度和行为有关，是影响员工组织认同、满意度、组织信任、幸福感和绩效的主要压力之一（Callea et al., 2016；Piccoli et al., 2017；Probst et al., 2018）。这种负面影响也被广泛证实在安全研究中普遍存在。尤其是对于安全导向的建筑和制造行业，研究人员和从业人员需要了解能够缓冲由工作不安全感导致的安全绩效下降的因素（Wang et al., 2015）。因此，工作不安全感作为一种负向心理因素应得到管理者的重视（易涛、栗继祖，2021），需要寻求有效和具体的战略和方法，帮助工人应对工作不安全感的负面效应，以维持工作场所的能源和效率。我国在外各类劳务人员派遣呈现"海外雇佣所在国人员数量有所提升，以及中高端劳务资源逐步成为外派主力"的特点，虽然外派工作时间短，但对工作具有较高的成就期望，希望在短时间内获取较高的成绩。显然这类外派员工更加焦虑，工作不安全感的压迫性更强，负面影响可能更加显著。因此，我们需要探讨的第二类问题是：在中国企业海外施工项目建设中，外派员工的工作不安全感是否与员工的安全绩效相关？如果外派员工的外派适应能力不强，是否会加剧员工的工作不安全感？

3. 员工的内在信念问题

由于外派员工存在上述心理压力等问题，不少研究和实践关注了外派员工的心理健康，并提供心理健康支持服务。这些服务固然能在一定程度上降低安全事件发生的可能性，促使员工高效工作，但是在不同的客观环境中，诱发性因素表现形式并不相同，且某些诱发性因素具有不可控性。通过了解并缓解外部诱发因素来降低员工产生心理压力的概率存在一定困难。而改变员工的内在信念，通过加强企业对员工的支持来改善员工在工作场所的综合心理感知，进而提高工作满意度和幸福感，最终提高安全绩效和整体绩效却是可行的。因此，基于心理授权角度，我们探讨第三类问题：心理授权是否会对安全绩效产生影响？具有不同心理授权水平的员工，是否会改变外派适应能力对安全绩效的影响？

4. 企业的外派管理实践问题

已有研究表明，外派管理实践（又称组织支持）有助于减少外派员工对工作环境的适应时间（Aycan，1997），包括财政支持、家庭支持（为孩子安排学校、住房）和一般支持（指导和咨询）、薪酬体系（"一揽子"福利）等。但是，也有学者指出，组织在外派支持实践功能方面存在明显的缺陷，只有少数几家公司提供了外派员工认为的必要的组织支持（Frazee，1998；Suutari and Brewster，2001）。因此，我们需要探讨的第四类问题是：外派管理实践是否会对外派适应产生影响？哪些组织支持方面的实践对外派适应的影响较为重要？

综上，捋顺外派员工积极心理和安全行为之间的逻辑关系、路径及其效果，是外派员工自发落实企业走出国门、实现国际化战略的关键；明确组织支持政策对员工内在动力的影响、设计与市场接轨的外派员工管理和激励约束机制，是中国企业推动国际化战略的保障。因此，本书以海外派遣员工的心理授权为研究对象，采用积极心理学等科学理论和方法，探索海外企业所处环境、员工心理感知与安全绩效的内在演化机理，从而实现对海外派遣员工的有效激励，为设计有效的激励和保障措施提供决策依据和技术支撑，为构建海外企业人力资源管理体系奠定基础。

二 研究价值

与国内传统工程项目的员工相比，外派员工呈现两个特点：①多为不同专业背景、技术特长的知识型员工（孙春玲等，2018）；②多为"80后"的新生代员工，外派时间短，对工作具有较高的成就期望，追求自我价值的实现（李燕萍、徐嘉，2013）。外派员工更适合积极和鼓励性的管理方式，渴望拥有更高的心理授权以便能够将海外经历当作自己职业发展的重要资本（王亮、牛雄鹰，2018）。随着员工受教育程度的提高，有关自我价值实现和自我发展期望提升的要求也越来越迫切，跨国公司需要考虑回任员工对组织支持的感知和体验，增强回任员工的组织归属感（杨苗苗、王娟茹，2020）。但目前针对施工企业的研究较少关注施工人员知识结构的改变，也较少考虑积极心理学和工作不安全感的影响，本书的理论意义和实践意义主要体现在以下三个方面。

第一，国内外安全领域的相关研究已从单纯的安全领域（如安全氛围）转移到组织支持和心理领域（如领导风格、工作压力），但是较少以海外（施工）企业外派员工为研究对象，本书综合考虑了外派适应、工作不安全感和心理授权等因素，以求更全面地解释和提高安全绩效，以贴合实践的发展需求。

第二，以往研究和实践揭示，中国企业更多地采用保障措施来调适压力，较少关注外派员工更高的心理需求，这容易导致负面情绪的产生。个体情感的形成是通过外部激励和内部需求满足的共同作用实现的（杨苗苗、王娟茹，2020）。海外（施工）企业需要重视外部正向激励，以及这些激励如何增强内在动机。而已有研究很少探究上述的逻辑路径，也较少基于心理授权和积极心理学的角度去思考。区别于以往研究，本书将心理授权与海外企业或者跨国组织相结合，探讨心理授权与安全绩效的作用过程与机制。

第三，进一步考虑了组织支持，将积极心理学、资源保存理论、社会支持理论、自我决定理论等的研究范式与思想相结合，提出海外企业发展过程中所需要的管理模式与方法，对丰富和深化海外企业的员工心理和人力资源管理方面的研究具有重要的理论意义，有助于企业国际化战略的实施和落地。

三 研究框架

本书将严格遵循科学调查范式。首先，回顾了外派适应、工作不安全感、心理授权等相关研究，总结了研究趋势以及变量之间可能存在的关系，这也是目前研究较少关注的地方。其次，按照外派适应通过工作不安全感影响安全绩效→心理授权对外派适应和安全绩效存在调节效应→外派管理实践影响外派适应的顺序和逻辑，构建模型、提出假设。最后，运用实际数据，探寻变量的基本特征和测度指标，并对模型进行初步检验，确定关键影响因素。具体的逻辑框架如图1-4所示。

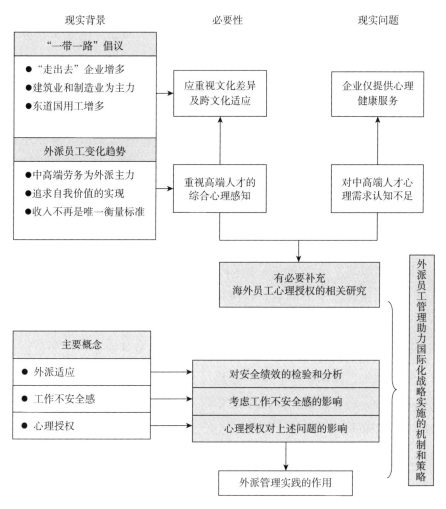

图1-4　本书逻辑框架

第二节 核心概念和定义

一 心理授权

心理授权（Psychological Empowerment）表示个体体验到的一种被授权的心理状态或认知，其最终目标是提高内在完成任务的动机（Intrinsic Task Motivation）。区别于组织授权的视角，心理授权强调个体体验或感知到"被授权"，而不仅仅是组织的权力、知识、信息和收益的分享过程（Conger and Kanungo，1988）。Spreitzer（1995）认为在授权过程中，是个体的感知和体验而不是授权行为本身在起作用，因此从员工个体体验的角度研究授权问题更为合理。

Zimmerman 和 Rappaport（1988）从个体责任感出发，认为心理授权是个体对需要承担的责任及自身行为对群体影响的一种认识。个体通过对目标的内化和对自身影响力的认识来影响自身的授权感受。Menon（2002）提出心理授权是个体控制感、胜任和目标内化的认知。虽然研究者的角度不同，但他们均认为心理授权与个体的内在本质紧密相关。

随着组织基本运作单位从个体转变为团队，心理授权的研究对象也从单个员工拓展到了团队成员，出现了团队心理授权的概念（王国猛等，2011）。团队心理授权表示团队成员集体对被授权状态产生的共同心理认知。从内在动机来看，它意味着团队成员集体对组织任务做出积极评价，增强了完成组织任务的动机（Kirkman and Rosen，2000）。从责任感来看，它代表团队成员集体决策，并对决策结果承担责任的程度（Hyatt and Ruddy，1997）。从控制感来看，它意味着团队成员具有适应周边工作环境并有责任维系团队运行的共同信念（Mathieu et al.，2006）。

可以看出，团队心理授权植根于团队成员共同的心理认知以及成员间的氛围（如信任、尊重和关心等），因此其"被授权"体验更加复杂和多样化。Chen 和 Kanfer（2006）的研究证实了个体心理授权与团队心理授权之间的交互作用能显著预测个体绩效。

本书的研究目的之一是为企业海外员工的组织支持和制度设计提供参考意见，个体心理授权的研究更符合；并且海外施工企业的外派员工人数较少，团队成员大多为东道国员工，存在跨文化冲突的困扰。因此，本书的心理授权仅指员工个体的心理授权。另外，本书考虑了安全氛围对个体心理授权的影响，将其作为组织层面的替代指标。

二 工作不安全感

近年来，有关工作不安全感（Job Insecurity）的研究逐步丰富起来，学术界有了多种定义。Greenhalgh 和 Rosenblatt（1984）的定义是"在面临威胁的环境中保持工作连续性的无力感"。Witte（2005）的定义是"对当前工作连续性潜在威胁的主观感知"。其他定义如"个人经历的安全水平与她或他可能更喜欢的安全水平之间的差异"、"员工对现有工作损失的担忧和焦虑"（Sverke et al.，2002）、"员工对其工作存在风险或整体担忧，在不久的将来，很可能会面临非自愿的失业"（Moore et al.，2006）。

尽管学者对工作不安全感有不同的定义，但他们有一些共同点。第一，工作不安全感反映了有关雇佣组织内连续性和安全性的非自愿变化（Greenhalgh and Rosenblatt，1984）。例如，Kachi 等（2018）以日本企业为研究对象，发现当预期企业会降低劳动力成本时，兼职和临时雇员就会担心其工作的稳定性。第二，工作不安全感是一种主观认知，如对失业威胁的认知（Mohr，2000；Keim et al.，2014）。这意味着即便是处于同一客观情境，不同个体感知到的工作不安全程度也可能有所不同（Klandermans and Vuuren，1999）。第三，对未来的不安全感是工作不安全感体验的核心（Witte，1999；Sverke et al.，2002），包括失去当前工作的感知和对该威胁的担忧。第四，工作不安全感是一个压力源，会对工作和健康产生负面影响（Cheng and Chan，2008；Sverke et al.，

2002；Kachi et al. ，2018）。

外派工作会给员工带来一种高压状态（Haslberger et al. ，2013），引发员工严重的工作不安全感。外派员工的工作不安全感被定义为对保持当前外派工作连续性的无力感（Witte，2005）。难以适应东道国的外派员工可能会提前（被动）回国，导致外派工作存在较高的不稳定性。同时，大多数公司对外派未满一年的员工投入较多精力（Selmer et al. ，2000），但对其回任安排却严重不足。许多归国员工发现，外派结束后的职业生涯会出现脱轨（Suutari and Brewster，2003）。外派员工对外派工作本身及未来的担忧，易引发持续性的焦虑、压力和不安全感。有研究表明，25%~35%的外派员工在回任后的1~2年内离职（Suutari and Brewster，2000）。

根据这些特点，本书将外派员工的工作不安全感定义为在主观上感知到的未来失去当前外派工作的可能性，以及对外派工作重新安排的恐惧或担忧。

三 外派适应

外派适应（Expatriate Adjustment）是来源于社会学和人类学领域的跨文化适应概念（Cross Cultural Adjustment）。王亮和牛雄鹰（2018）梳理了国内外文献，指出外派适应本质是一种心理匹配或舒适程度，是员工为了完成工作目标进而调整自身心理和行为的主动适应过程。它是一种短期的跨文化适应。Templer等（2006）指出，跨文化适应能力是外派员工在国际外派任务中成功与否的决定性因素，受到社会文化环境因素（文化距离、民族中心主义等）、组织因素（任职安排、报酬激励等）和个体特征因素（文化智力、家庭配偶、个性等）等的影响。

Black（1988）是最早度量外派适应的学者之一，他将外派适应分为一般适应（General Adjustment）、互动适应（Interaction Adjustment）和工作适应（Work Adjustment）三个维度，且被广泛运用于后续一系列的外派适应研究中。其中，一般适应代表对东道国文化和生活的适应能力；互动适应指与当地人员沟通和交往的舒适程度；工作适应指对东道国新工作任务的认可程度，包括职责、绩效标准等。Haslberger等（2013）将外派适应分为工作适应和非工作适应，这两个维度均包括认知适应（Cognitive Adjustment）、情感适应（Affective Adjustment）和行为适应（Behavioral Adjustment）三部分。Ward和Kennedy（1992）认为外派适应可分为心理适应和社会适应。

综上所述，外派适应是指外派员工和当地环境的适配程度或者对异域文化的心理舒服和熟悉程度，用以解释外派员工以完成一定工作任务为目的，有一定时间限制的短期适应过程（王亮、牛雄鹰，2018）。大部分外派适应研究从整体角度考量其与外派绩效之间的关系（Taiwan et al.，2017），但考虑到企业外派员工普遍具有强烈的工作任务导向（Kawai and Mohr，2015）以及企业的成本控制和业绩考核因素（Kittler et al.，2011），以工作适应为中心的外派适应研究逐渐丰富起来。

综合前述研究，本书参考Black和Stephens（1989）的研究，将外派适应细分为一般适应、工作适应和互动适应三个维度，并进一步研究三者之间的相互关系。

四 外派员工

外派员工被定义为"临时派往海外完成工作任务或组织目标的企业员工"（Harrison et al.，2004）。进入21世纪，外派员工数量持续增长，外派工作日益复杂，外派员工出现了新的名称，如第三国外派员工（Third-country Expatriates）、驻海外人员（Inpatriates）、短期项目工作人员（Short-term Project Workers）和自主外派员工（Self-initiated Expatriates，SIE）（Collings et al.，2007）。

Inkson等（1997）是首先提出自主外派员工概念的学者之一。自主外派员工意指自愿和主动在海外寻找工作的人（Inkson and Myers，2003；Lee，2005）。与此相对的概念是由其雇主派遣到海外子公司的组织外派员工（Organizational Expatriates，OES）。SIE 与 OES 二者外派前因不同，因而两者之间的跨文化适应存在很大差异。Peltokorpi 和 Froese（2009）研究发现，海外人员中有很大比例（30%～70%）是自主外派员工，投资银行、IT 和教育行业是最容易接受自主外派员工的行业，因为这些行业的专业技能很容易在各国间转移（Beaverstock，1996；Richardson and McKenna，2003）。Froese（2012）以韩国自主外派他国的人员为样本，发现他们积极移居国外的主要原因是获取国际经验、工作条件具有吸引力、家庭原因、本国糟糕的劳动力市场以及适应海外生活。

虽然海外人员中有很大比例是自主外派员工，但是考虑到本书的研究对象大多为短期项目工作人员，且为公司派遣到海外子公司的外派员工。因此，除特别说明，本书的外派员工为由其雇主派遣到海外子公司的组织外派员工。

五　安全绩效与安全行为

最初，安全绩效为组织安全结果的衡量，如年度事故、受伤人数等（Zohar，2000），或者是个人安全行为的衡量（Probst and Brubaker，2001）。但有学者认为，仅使用一维结构测量安全性能并不准确（Clarke，2006）。

Borman 和 Motowidlo（1993）将员工的工作绩效分为任务绩效和情境绩效。具体而言，任务绩效是指与绩效产出直接相关、能够评价具体绩效结果的评价指标；情境绩效是指与组织核心业务没有直接关系，却与组织长期发展相关的重要绩效指标。Griffin 和 Neal（2000）采用了同样的二维结构和划分，以任务绩效理论为基础，将工作场所的安全绩效分为任务绩效（安全服从）（Task-related or In-role Safety Performance）和情境绩效（安全参与）（Contextual or Extra-role Safety Performance）。其中，任务绩效反映了安全合规性，即与任务相关的安全绩效，包括遵循既定的组织安全程序和适当的安全协议（如上锁挂牌程序、佩戴耳塞和/或安全帽），这是个体为维护工作场所的安全所采取的核心行为；情境绩效反映了与安全相关的组织公民行为（如自愿帮助同事处理与安全相关的问题、在工作中进行安全改进等），这代表员工自愿采取的有利于组织安全性的安全行为。可以看出，安全行为是安全绩效中最核心的组成部分。Zohar（2000）强调，不安全行为作为事故的先兆，更容易被前因变量准确预测。

Christian 等（2009）将安全绩效分为安全绩效行为（Safety Performance Behaviors）和安全结果（Safety Outcomes）两个概念，前者指员工的安全行为，后者指事故。

结合以上研究，在不考虑事故或者受伤的情况时，安全绩效实际代表了两种类型的安全行为，因此本书并不将安全绩效和安全行为做特别区分。

| 第二章 |

安全绩效相关的理论基础和文献梳理

随着经济全球化的深入发展和企业人力资本价值观念的转变，人员外派已是跨国公司开展国际业务的重要方式（杨苗苗、王娟茹，2020）。如前所述，如何调动和提高外派员工的积极性和自我效能，是外派员工自发落实企业走出国门、实现国际化战略的关键；明确组织支持政策对员工内在动力的影响、设计与市场接轨的外派员工管理和激励约束机制，是中国企业推动国际化战略的保障。为此，本章从心理授权、工作不安全感、外派适应和外派管理实践四个角度梳理了相关研究，为后续模型构建奠定了基础。

第一节　心理授权的相关研究

一　相关理论回顾

（一）理论基础

1. 自我决定理论

自我决定理论（Self-determination Theory）由学者 Deci 和 Ryan 提出，该理论聚焦人类行为的自主决定过程，以个人具有天然的积极性为假设前提。该理论认为，个体行为是内外部资源综合作用的结果，员工内部心理资源可得性是影响其行为的重要因素。个体内在需要的满足可以通过与外部社会环境之间的互动实现（Deci et al., 1989），比如领导是否充分尊重/重视员工、听取员工的意见等。而个体的内在动机取决于胜任力、自主性和归属关系三种心理需要（Deci and Ryan, 2000）。因此，自我决定行为分为两种，即内在动机行为和受到主观调节的外在动机行为，后者是自主选择的目标序列的一部分，可将其看作自发的和可选择的行为，这类行为是自主性导向的体现。自我决定理论注重个体个性发展和行为自我管理中逐渐形成的内在资源，即强调个体的自我动能在动机过程中所起的作用，并且认为个体能够将外部活动整合和内化。

根据之前的定义，心理授权是个体控制感、胜任感和目标内化的综合性心理认知（Menon, 2001），可以从自主需要、胜任需要和归属需要三方面来衡量员工的心理感知，并影响员工幸福感（郑晓明、刘鑫，2016）。当个体的三种心理需求被满足之后，内在动机的驱动能够有效提高组织和个体的绩效水平，提高个体的幸福感、满意度以及对组织的认同度。因而，当员工有高水平的心理授权时，员工的自主需要、胜任需要以及归属需要都会得到满足，从而有高水平的幸福感（苗元江、朱晓红，2009）。

2. 社会交换理论

社会交换理论（Social Exchange Theory）是社会心理学的主导理论之一。Thibaut 和 Kelley（1959）从心理学视角讨论了人类的社会交换行为。该理论强调交往过程中的互惠，即人与人之间的交换是以给予和回报为基础进行的（Blau, 1964）。这种交换过程可以使双方均获得一种满足感。一旦某一方觉得对方不能满足自己的需求，就会中止这种交换。可以看出，社会交换理论关注的是个体与他人在社会交往中的社会行为和心理方面的交换。互惠规范是社会交换过程的基本原则，构成了双方间的信任、忠诚以及承诺。社会交换组织内部成员间存在有形（如工资报酬和奖金等）和无形（组织支持和信任等）的交换。

已有研究常用社会交换理论来解释领导者行为与员工心理感知之间的关系。比如，领导者给予员工支持和鼓励，员工在未来的工作中通过尽职尽责来回报领导者。因此，本书运用社会交换理论解释组织心理授权及其行为绩效，可以解读为较高的心理授权代表组织以及领导者的信任，引发员工更高水平的情感承诺（Avolio et al.，2004；徐细雄、淦未宇，2011）和更多的组织公民行为（Dennis and Shaffer，2005；杨春江等，2015），增强其对企业的认同感。

（二）度量指标

1. 个体心理授权的结构维度

个体心理授权的维度主要有四维度和三维度两种划分方法。Thomas和 Velthouse（1990）认为心理授权包括工作意义（Meaning，指个体对工作目标的重要性或价值的判断或认知）、胜任力（或自我效能）（Competence，指个体对自己是否有能力完成某项工作的认知）、自主性（Self-determination，指个体对自己的行为或工作方式是否有控制权的认知）和影响力（Impact，指个体对自己对组织战略或管理工作的影响程度的认知）四个维度。在此基础上，Spreitzer（1995）开发了由 12 个题项组成的心理授权量表，这是目前最具代表性、应用最广泛的心理授权四维度量表。陈永霞等（2006）认为其适用于中国情境，可以推论该量表在一定程度上同时适用于国内外情境。具体量表如表 2-1 所示。

表 2-1　员工心理授权量表

因子	题项
因子 1 工作意义 （Meaning）	1. 我的工作对我来说非常重要
	2. 工作上所做的事情对我个人来说非常有意义
	3. 我所做的工作对我来说非常有意义
因子 2 胜任力 （Competence）	4. 我对自己完成工作的能力非常有信心
	5. 我自信自己有干好工作的各项能力
	6. 我掌握了完成工作所需要的各项技能
因子 3 自主性 （Self-determination）	7. 在决定如何完成工作上，我有很大的自主权
	8. 我自己可以决定如何着手我的工作
	9. 在如何完成工作上，我有很大的机会行使独立性和自主性

续表

因子	题项
因子4 影响力 （Impact）	10. 我对发生在本部门的事情有很大的影响力和作用
	11. 我对发生在本部门的事情起着很大的控制作用
	12. 我对发生在本部门的事情有重大的影响

Menon（2002）基于授权的综合性心理方法（Integrative Psychological Approach），提出心理授权包含三个基本成分，即控制感（Perceived Control）、胜任感（Perceived Competence）和目标内化（Goal Internalization）。其中，控制感相当于影响力或自主性；胜任感与胜任力类似；目标内化则反映了员工对组织目标的承诺程度（凌俐、陆昌勤，2007）。

2. 团队心理授权的结构维度

团队心理授权不同于个体心理授权，它建立在团队成员集体认知评价基础之上，受到团队因素的影响（陈亮等，2019）。Kirkman 和 Rosen（1999）提出了团队心理授权的四个维度，即团队效能感（团队关于自身效能的集体信念）、团队工作意义（团队期望自身的工作是重要的、有价值的、值得做的）、团队自主性（团队集体在工作中体验到的实质性自由、独立性、自行决定程度）、团队工作效果（团队集体感受到自己的工作对团队或组织的重要程度）。王国猛等（2011）将心理授权划分为能力导向授权体验和工作导向授权体验两个因子，具体如表2-2所示。其中，能力导向授权体验共7个题项，包括成员集体感受到的能力、知识、技能、问题解决等元素的描述；工作导向授权体验共8个题项，包括团队成员集体感受到的工作自主决策的程度等描述。孙永磊等（2016）证明该量表具有较高的信度和效度。

表2-2　团队心理授权量表

因子	题项
因子1 能力导向授权体验	1. 我所在的团队成员掌握了完成工作所需要的各项技能
	2. 我所在的团队成员常常通过总结过去的经验来获取新知识
	3. 遇到困难时，我所在的团队成员通过相互讨论能找到解决问题的办法

因子	题项
因子 1 能力导向授权体验	4. 我所在的团队对解决遇到的工作问题非常自信
	5. 我所在的团队成员相信，团队的努力总是卓有成效的
	6. 我所在的团队成员对团队整体的工作能力充满信心
	7. 我所在的团队成员对完成工作的能力非常有信心
因子 2 工作导向授权体验	8. 我所在的团队成员意识到工作责任感非常重要
	9. 我所在的团队成员相信自己是有工作责任感的
	10. 我所在的团队在公司中有重要影响
	11. 我所在的团队成员非常关心自己所从事的工作
	12. 对我所在的团队成员来说，工作上所做的事非常有意义
	13. 在如何完成工作上，我所在的团队成员有很大的自主权
	14. 我所在的团队以高工作质量而闻名
	15. 我所在的团队对其他团队有重大影响

二　心理授权的结果变量

积极心理学认为，在影响员工行为的众多因素中，积极的心理体验是除了能力、意志、身体条件和社会关系等因素之外的一个重要的且容易被忽略的关键因素（Fredrickson and Losada，2005）。梳理文献发现，心理授权的结果变量包括对组织的影响和对员工个体的影响。对组织的影响主要聚焦组织承诺和组织行为；对员工个体的影响分为对员工工作态度的影响和对员工工作行为的影响。

（一）对组织的影响

1. 对组织承诺的影响

组织承诺被定义为"个人认同某个组织及其目标，并希望保持成员资格以实现目标的状态"（Mowday et al.，1979）。拥有心理授权的员工有可能对自己的组织有更高水平的承诺（Avolio et al.，2004）。当需求和资源较多时，员工对工作有更积极的态度和更高水平的组织承诺（Bakker et al.，2010）。

根据社会交换理论，员工在授权感知中体会到组织的支持和付出，会以更积极的态度、情感、工作质量来回报组织（Aryee and Chen，2006），表现出更高水平的情感承诺（Avolio et al.，2004）。Gordon 等（1980）针对工会组织，制定了工会组织承诺的衡量标准。它由对工会的忠诚、为其目标而工作的意愿、对组织的责任以及对工会主义的信仰四个维度组成。大多数针对工会组织的研究指出，心理授权和组织承诺有利于工会组织目标的实现（Ahmad and Oranye，2010），组织承诺被认为是心理授权的态度结果（Seibert et al.，2011）。心理授权和组织承诺共同作用，能使员工达到更高的满意度，降低离职意愿。Hampton 和 Rayens（2019）研究了护士受欺凌情形，发现心理授权与欺凌、离职呈负相关关系，心理授权有助于缓解欺凌的影响，降低护士的不满情绪和辞职意愿，减轻职业压力。国内学者徐细雄和淦未宇（2011）基于海底捞新生代农民工的案例研究发现，心理授权在组织支持与组织承诺之间起到桥梁作用，组织支持通过改变雇员心理授权状态来影响组织承诺。

在子维度的分析中，侯辉和陈静（2021）认为心理授权的各个维度均能够缓解图书馆员工的职业倦怠态度并减少职业倦怠行为，其中，工作影响的负向作用程度最大。雍少宏等（2022）运用元分析方法，对 33 篇中英文论文的 105 个独立样本进行分析，发现心理授权及其子维度均与员工在组织中的创新行为正相关，并且心理授权、工作影响、工作意义、自我决定、自我效能与创新行为的相关程度依次减弱。同时他们强调，不同文化中个体感受到的鼓励程度存在差异，企业应充分利用本土文化背景建立变革与创新能力的组织文化。

2. 对组织行为的影响

根据 Organ（1997）的定义，组织公民行为是指对组织有利，但不受正式工作要求以及报酬体系约束的行为。这些行为受到个人特征、任务特征、组织特征和领导行为的影响（Podsakoff et al.，2000）。心理授权增强了组织成员的自我效能感，他们可能会通过实施组织公民行为得到补偿。如果员工认为自己有能力且可以独立自由地完成任务，那么他们可能会表现出组织公民行为。Dennis 和 Shaffer（2005）证实了心理授权能够显著地影响组织公民行为。

在国内研究中，杨春江等（2015）认为当工作嵌入程度低时，心理授权对组织公民行为的影响作用较强。丁琳和席酉民（2007）发现，变革型领导通过心理授权的中介作用对员工组织公民行为产生影响。吴敏等（2009）认为，心理授权与下属的组织公民行为和工作绩效呈正相关关系，同时在变革型领导与员工组织公民行为和工作绩效关系中起到部分中介作用。刘丽华（2020）提出心理授权水平高的员工如果感知到工作环境对其的限制，可能会摆脱束缚，减少与组织的交换行为。

（二）对员工个体的影响

1. 对员工工作态度的影响

根据自我决定理论，个体内在需要的满足可以通过与外部社会环境之间的互动实现（Deci et al.，1989），这与领导是否充分尊重和重视员工、听取员工的意见等息息相关，即心理授权综合了自身对工作环境的主观评估以及他人对同一环境的看法，进而对自身和工作产生评价。如果个体内在需要得到满足，会进一步提高员工幸福感（Cropanzano et al.，2002；郑晓明、刘鑫，2016），表现为心理授权水平高的个体会认为自身工作有较大的意义，表现出更高的自主性，进而提高对工作的满意程度（Thomas and Velthouse，1990）。同样，J. L. Wang 和 H. Z. Wang（2012）证实了依据员工特质进行差异化心理授权能够提升员工的工作满意程度，取得更多的创造力产出。Pelit 等（2011）强调心理授权的影响力维度可以提高员工的工作满意度，提高主动性。叶宝娟和郑清（2017）发现心理授权水平越高的农村小学校长，其工作满意度越高，并发现职业认同是二者间的有效传导机制。

Samawi 等（2022）调查了大学生未来职业焦虑情况，发现心理授权有利于缓解优秀大学生对未来职业的焦虑，建议通过心理授权调动优秀学生的主动性，以减轻他/她在学术生活和未来职业方面的压力和焦虑。

2. 对员工工作行为的影响

（1）创新行为

员工不仅是创新想法或者问题解决方案的最先提出者，也是研发人员的后备支持，影响企业的创新效率（Hellmann and Thiele，2011）。相对于一般工作而言，创新活动充满复杂性、不确定性，对员工的内在动因要求更高，同时与宽松自主的环境相关。尽管创造力是创新思想的关键驱动力（Slåtten and Mehmetoglu，2011），但它更多地与想法产生关联。创新行为包括新思想的产生和实现（Zhou，2003）。换言之，创新行为是一种复杂的多阶段工作行为，包括生成、推广和应用那些能够提高组织绩效的新观点（Janssen，2000）。

已有文献支持心理授权与员工创新显著正相关的观点，基本逻辑是：心理授权改变了个体主观认知，通过柔性机制提高个体主动性和创造力（Frese et al.，2007）。Seibert 等（2011）认为，心理授权提高了个人执行其观点和想法的能力，从而在工作中实现更高水平的创新。同时，拥有足够心理授权体验的员工更乐意也更能充分发挥自己的能力。Zhang 和 Bartol（2010）的研究表明，心理授权对员工参与创造性过程的意愿起着重要作用。当员工感知到工作意义和重要性时，他们倾向于花费更多的时间和努力来研究问题，并尝试各种可能的方法来解决问题。另外，充分授权的员工将会积极影响上级以获取更多的支持。具有自主决策权的员工，可以依照自身的想法和意愿完成工作，摆脱日常工作模式的束缚（刘景江、邹慧敏，2013）。

一些实证研究证实了心理授权的各个维度与创新行为之间的积极关系。Janssen（2005）认为，心理授权中的影响力维度与员工的创新行为显著正相关，并且主管支持对这一关系具有调节作用，主管支持程度越高，二者之间的正向关系越紧密。同样，当员工认为自己能够管理组织事务且影响力增大时，他们也会推动自身的创新行为（Knol and Linge，2009）。李燊和黄蓉（2014）发现，自我效能、自主性和影响力是产品创新和新知识创造的必要条件。工作中的自主性对识别提高员工创造力非常重要（Deci and Ryan，2008），因为自主工作环境将考虑员工的观点、感受，消除工作压力（Deci and Ryan，2000），这可能意味着心理授权和创新行为的自主决策维度是正相关的。当员工认为他们已经获得足够的能力时，他们往往具有创造性，这反过来又增加了其创新行为。Redmond 等（1993）提出，高水平的内在激励（心理授权的工作意义维度）导致员工更具创新性。

（2）工作绩效

Conger 和 Kanungo（1988）认为，心理授权通过释放自我效能来提高工作绩效。基于前文论述，心理授权对管理有效性（Managerial Effectiveness）、向上影响力（Upward Influence）等具有显著的正向作用，有利于员工自我思考、独立自主、积极参与任务（Dvir et al.，2002）。Chen（2005）的研究显示，心理授权与绩效呈现互相影响的上升螺旋关系。新进人员最初的心理授权对初始绩效及绩效改进均具有显著的正向影响；同时，初始绩效对之后的心理授权亦具有显著的正向预测力。王顺江等（2012）考察了售后服务员工的心理授权水平，发现工作意义、自我效能和自主性对员工任务绩效有显著的正向影响。

在同时讨论团队心理授权和个体心理授权的多层次心理授权模型中，Chen 等（2007）的主要观点是：团队心理授权是个体心理授权与个体/团队绩效之间的中介变量；个体心理授权与团队心理授权之间的交互作用能显著预测个体绩效。Tuuli 和 Rowlinson（2009）的研究表明，团队心理授权在授权氛围与团队/个体绩效行为之间具有部分中介作用；个体心理授权在授权氛围与个体绩效行为之间具有部分中介作用；授权氛围、个体与团队心理授权交互影响着绩效行为。

三 心理授权的前因变量

根据前文论述，心理授权是个体内外部因素综合作用的结果。其中，内部因素主要跟个体特征有关，比如个体心理差异；外部因素主要分为组织因素和社会因素。

（一）个体特征

综合以往的相关文献，影响心理授权的人口学变量主要有性别、年龄、受教育程度、任期以及工作状态等，研究结果并不完全一致。Hancer 和 George（2003）得出女性的心理授权水平高于男性的结论，而雷巧玲和赵更申（2009）认为男性心理授权水平更高。同时他们发现，工作年限越长、受教育程度越高，心理授权的自我效能感越强。

除此之外，自尊等性格特征因素与心理授权显著正相关。Spreitzer 和 Quinn（1999）发现控制倾向和自尊心对心理授权各维度均有正向影响。工作特征、自我领导对心理授权具有显著的正向预测作用。Singh 等（2013）考察了生活方式导向与心理授权的关系，证实了具有侵略性、个人主义和抵抗性生活的专业人士可能会感知到更多的心理授权。

（二）组织因素

1. 领导类型及行为

各国的领导风格是不一致的。亚洲常见的家长式领导（Paternalistic Leadership）是一种"纪律性强、权威性强、仁爱性强、道德操守性强"的领导风格，是父亲式的领导风格（Pellegrini and Scandura，2008）。Dedahanov 等（2015）认为家长式领导包括三个要素：仁慈（Benevolent）、道德（Moral）和权威（Authoritarian）。仁慈的领导者表现出对家庭福祉和员工需求的个性化关注。除了与工作相关的问题外，仁慈的领导者还关心员工个人和家庭问题、个人的舒适度，在个人表现不佳和有困难时提供支持（Cheng et al.，2000）。仁慈的领导者支持员工并激励他们的社会交流，这增加了员工技能提升机会和自主机会，因此，当员工具有自主性并能够从其经验中吸取教训时，他们的能力将得到提高（Rhee et al.，2017）。

Dvir 等（2002）将领导类型分为变革型和交易型，认为授权是区分领导类型的主要因素之一。基于激发智力、给予更宽松的环境等原因，变革型领导能显著提高下属的心理授权水平（Lale and Arzu，2009；陈永霞等，2006；Dvir et al.，2002）；而交易型领导对下属心理授权感受会产生负面影响（Houghton and Yoho，2005；魏峰等，2009）。将变革型领导的领导方式进一步区分为一致性领导方式和差异性领导方式后，发现按照同一标准对待组织成员的一致性领导方式可能会抑制员工的心理授权体验，而依据员工能力/个性等实行差异性领导方式，对员工心理授权具有较强的促进作用（孙永磊等，2016）。Conger 等（2000）研究了魅力型领导，认为他们能对下属产生积极影响，与心理授权正相关。

孙春玲和刘一凡（2022）认为，随着项目型组织的迅速崛起，组织结构扁平化、决策去中心化等特征凸显，权力由"自上而下"向"自下而上"的方向转变，员工激励模式呈现出由"被动的外滋诱发"向"自主的内滋诱发"演化、由管理控制向授权赋能转变是发展的必然。他们发现，虽然团队心理授权的提升路径不止一条，但是变革型领导和团队建言氛围组成的不同因素组合对团队心理授权产生的效果殊途同归，因此魅力型领导和团队建言效能感是工程项目团队产生高水平团队心理授权的重要因素。

另外，员工在与领导的交往过程中，如果感受到公平对待（互动公平）（Li et al.，2012）、组织/管理者的支持，以及领导会分权（Delegating）和商议（Consulting）等，其心理授权水平会得到提高。

2. 组织环境

改善组织环境可以提高心理授权水平。组织支持作为外部资源并不是简单、直接地影响员工工作投入，而是通过员工的心理感知和评价起作用，即组织支持会对员工的心理授权产生显著影响（马跃如、郭小闻，2020）。个体心理授权的程度随着工作情境的变化而变化。若企业文化重视员工导向以及差错管理（Error Management），则能够促进信息分享，增强员工的工作安全感，进而增强员工的心理授权感（朱颖俊、裴宇，2014）。除此之外，良好的授权氛围/心理氛围能够调动员工的积极性、提高工作绩效和增强企业活力，对心理授权具有正向影响（王国猛、郑全全，2008）。

针对回任人员，组织支持传达了组织对回任人员的价值认同和工作期望，为回任人员提供更多的关心和帮助，能够诱发回任人员对组织的义务感和组织公民行为（陈振明、林亚清，2016）。跨国公司支持回任人员参与组织管理政策的制定和实施过程，体现了组织对回任人员知识技能的肯定和职业成长的关心，增强了回任人员的自我效能感，满足了回任人员的关系需求，有利于加深回任人员对母国公司公平的认知（郑晓明、刘鑫，2016）。杨苗苗和王娟茹（2020）证明了参与支持对回任人员的组织忠诚和心理授权有正向影响。

（三）社会因素

Tuuli 等（2015）发现在个体主义倾向较为浓郁的文化情境中，员工能力可以得到更大程度的彰显和发挥，进而有助于取得创造力成果和更高的业绩产出。国内学者结合中国文化情境展开了相关研究。从管理者角度来看，江新会等（2016）认为，中国历史文化形成了高权力距离的文化特征，这导致中国管理者和领导者的潜意识是忽视、怀疑和抵触授权，因此，员工的影响力容易遭受组织社会政治系统的排斥。从员工角度来看，秉承"君子欲讷于言而敏于行"的海外派遣员工容易保持沉默、知而不言，没有感受到被组织和领导重视，对周围环境缺乏控制感（张红丽、冷雪玉，2015）。

第二节　工作不安全感的相关研究

一　相关理论回顾

（一）理论基础

1. 资源保存理论

资源保存理论（Conservation of Resource Theory）是由 Hobfoll（1989）

提出的压力理论，他将资源定义为"使个人感觉有价值的事物或获取它们的方式，如个人特征、条件、能量等"。这些资源不仅满足个人需求，而且帮助个体准确地识别自己和社会目标。该理论的基本前提是个体拥有各种各样的资源，具体可以分为目标资源、条件资源、个人特征和能源。目标资源与社会经济地位直接相关，是决定汽车、住房等抗压能力的重要因素。条件资源可以为个人获得关键资源创造条件，并确定个人或群体的综合潜力，如朋友、婚姻和权力。个人特征（尤其是积极的个人特征）是决定个人应对压力能力的重要因素，如自我效能和自尊。能源可以用来获取其他三种资源，如财富和技术能力。社会关系、组织支持、工作发展机会、参与决策、乐观自主都可以被视为宝贵的个人资源（Guo et al.，2019）。

基于资源保存理论，个体在面对资源损失时，更愿意保护自己已拥有的资源，减少资源的付出。就业的可持续性被视为一种资源，这种资源不仅受到员工本身的重视，还被视为获得其他有利资源（如住房、收入、地位和声誉）的能力（Guo et al.，2019）。Chiesa 等（2018）指出资源保存理论存在两种相悖的核心原则，即投资优先原则和损失优先原则，个人会根据自身经验和情况做出不同的选择。投资优先原则建议人们为了防止资源损失，应该优先投资资源，以期从损失中逐渐恢复并获得更多的资源。因而，有学者认为工作不安全感是一种正面刺激，激励员工更加努力地工作以达到保留工作的目的。这种理论常用来解释竞争上岗、末位淘汰等竞争机制（即存在一定程度的工作不安全感）的积极效果（刘平青等，2022）。损失优先原则认为，失去有用的资源在心理上对个人的危害大于拥有这些资源的危害。因此，当面临丢失工作的压力时，有学者认为工作不安全感会造成员工满意度降低，它是企业创新行为的绊脚石（Guo et al.，2019）。

2. 社会交换理论

社会交换理论（Social Exchange Theory）同样可以用于解释员工在面临工作压力时的工作态度和行为。Gouldner（1960）认为，心理契约是劳动者对其与用人单位社会交换关系的性质所持有的内隐的、非正式期望。员工和组织之间的心理契约植根于社会交换理论的互惠准则，其基本假设是组织与员工之间是一种互惠互利的关系，双方均需要付出才会有收益，即企业需要承担一定的义务，以换取员工的忠诚、承诺和贡献。互惠准则是一种普遍的道德规范，对维持稳定的社会制度至关重要。员工若对工作有不安全感，则意味着企业没有履行它们的义务，违反了互惠的道德规范（Cuyper and Witte，2006）。工作不安全感水平较高，代表员工即将面临失去工作机会的威胁、晋升和加薪无望、被迫调岗和停职等情况。当失去工作的隐忧逐渐转为现实威胁，会对员工产生一种难以克服的压力。Probst 等（2018）认为，工作不安全感违反了企业和员工之间的隐性心理契约和社会交换理论的互惠准则，打破了双方的信任、忠诚以及承诺基础。

因此，基于社会交换理论，工作不安全感会使员工处于紧张的工作状态，产生消极的情绪体验和工作不满意感，降低对组织的信任度（Ashford et al.，1989）、组织承诺（Davy et al.，2015）以及归属感和成就感，并且有可能会提高辞职的可能性（Probst，2005）。

（二）度量指标

Greenhalgh 和 Rosenblatt（1984）首先对工作不安全感（Job Insecurity，JI）进行了研究，认为人们既对失去工作感到不安，也对失去重要的工作特征感到不安。已有研究对工作不安全感的度量主要有多维度度量（Multidimensional Measures）和整体度量（Global Measures）两种方法。

1. 多维度度量

Ashford 等（1989）基于 Greenhalgh 和 Rosenblatt（1984）的工作不安全感理论模型构建了一个 57 个题项的量表，包含以下组成部分：工作特征（重要性×失去给定工作特征的可能性）、工作变动（重要性×失去工作的可能性）和无力感。该量表中的每一个题项都代表了工作不安全感的不同方面，最终得分根据以下公式得出：

JI = 无力感 × (重要性 × 失去给定工作特征的可能性 + 重要性 × 失去工作的可能性)

其中，失去给定工作特征的可能性主要与以下 17 个方面有关：①地理位置；②晋升机会；③维持现有工资；④获得加薪；⑤在组织中的地位；⑥自由安排自己的工作；⑦自由执行工作；⑧获得资源（人、材料、信息）；⑨与同事共事时的团队意识；⑩上级对绩效的反馈；⑪所接受的监督质量；⑫体能要求；⑬与公众互动的机会；⑭工作内容的多样化；⑮从头到尾完成工作的机会；⑯重要性工作；⑰在多大程度上分辨出员工工作表现。

失去工作的可能性包括以下 10 个方面：①失去工作并被调到组织内的较低职位；②失去工作并被调到组织内同一级别的另一个职位；③公司提供的工作时间可能每天都在变化；④被调离到本地一个更高的职位；⑤被调离到外地一个更高的职位；⑥丢掉工作，被暂时解雇；⑦丢掉工作，被永久解雇；⑧所在系或部门的未来不确定；⑨被解雇；⑩被迫提前退休。

无力感包括以下 3 个方面：①有足够的权力，可以控制影响自身工作的事情；②在组织中，可以防止消极的事情影响自身工作状况；③对组织的理解足够好，能够控制影响自身工作的事情。

Ashford 等（1989）的量表对员工的工作生活进行了详细的描述，如缺乏职业发展、工作条件恶化、限制薪酬发展、个人与组织之间的不匹配、失去有价值的工作特征（如降职）。虽然多维度度量的工作不安全感在一段时间内相对流行，但由于其全面反映了工作不安全感的各个方面，导致度量指标冗长，许多研究人员建议修改。例如，在测量工作不安全感时，可以不必包括无力感子量表（Rosenblatt and Ruvio，1996）或工作特征子量表（Kinnunen et al.，2000），或者只使用部分指标（Mauno and Kinnunen，2002）。但是有学者指出，对 Ashford 等（1989）量表的缩短修订会使量表指标不再符合原有的定义（Lee et al.，2008），因此，一种新的、主要涵盖工作不安全感核心的整体度量方法被提出（Elst et al.，2014）。

2. 整体度量

Hellgren 等（1999）将工作不安全感划分为工作数量不安全感和工作质量不安全感，这是对工作不安全感最简洁有效的划分，并且符合 Greenhalgh 和 Rosenblatt（1984）对工作不安全感的看法。他们认为，工作质量不安全感和工作数量不安全感之间存在重要的理论区别。工作数量不安全感是指对当前工作的未来存在担忧（失业的可能性）。工作质量不安全感与就业关系中质量受损的感知威胁有关（失去或拥有工作的重要性）。

工作数量不安全感主要涉及 3 个方面：①我担心在我想离开之前必须离开我的工作；②在未来一年我将不得不离开我现在的工作；③我对在不久的将来失去我的工作感到不安。

工作质量不安全感主要涉及 4 个方面（逆向评分）：①我在组织的未来职业发展是有前途的；②我觉得组织能在不久的将来为我提供一个激励性的工作内容；③我相信组织将来也需要我的能力；④我的薪酬发展在组织中是有前途的。

因为工作数量不安全感被认为是工作不安全感的核心（Hellgren et al.，1999；Shoss，2017），所以，一些研究只关注工作数量不安全感（Ekmekci et al.，2018）。Witte（1999）设计了四个题项，即"我很快就会失业"、"我确信我能保住工作"（逆向评分）、"我对工作的未来感到不安全"、"我认为我可能在不久的将来失业"。这四个工作数量不安全感题项常被用于跨国背景下的工作不安全感度量（Llosa et al.，2018），由 Elst 等（2014）和 Lara 等（2015）进行了验证和支持。

二　工作不安全感的结果变量

工作不安全感是一种侵入性的工作压力源，对个人和组织都有严重的负面影响（Witte，1999；Sverke et al.，2002）。结合本书研究目的，本部分回顾了工作不安全感对员工个人的负面影响。有充分的证据表明，工作不安全感与员工健康和福祉显著负相关（Cheng and Chan，

2008；Sverke et al.，2002）。

（一）心理压力

已有研究表明，工作不安全感与心理压力、焦虑和抑郁的增加有关（Roskies and Louisguerin，2010），造成员工的健康状况不佳，如生病（Kinnunen et al.，1999）等。就业提供了物质价值和获得心理及社会资源的机会，而失业和不确定的未来表现为潜在的角色压力源，特别是在无法控制和预测未来事件的情况下（Wheaton，1999）。

虽然跨文化背景下的相关研究较少，但是工作不安全感会降低社会地位，并对员工健康产生不利影响的研究结论在多国情境下得到了证实。Ferrie（2002）针对英国工作场所样本的研究表明，持续的工作不安全感可能会对心理压力产生不利影响，但获得工作安全感并不能完全逆转心理压力。Burgard 等（2009）以美国为研究对象，发现持续的工作不安全感对抑郁症状有不利影响。Strazdins 等（2004）发现在澳大利亚，工作不安全感的增强与抑郁和焦虑症状的恶化有关。此外，芬兰的一项研究表明，工作不安全感的减弱与疲劳和离职意向的减少有关（Kinnunen et al.，2014）。Yuko 等（2018）认为，日本具有独特的劳动力市场特征，普遍存在缺乏补偿政策的工人以及性别偏见。工作不安全感对心理健康的不利影响在需要养家糊口的家庭以及女性中更为明显。同样，在韩国存在性别歧视和养家糊口需求的家庭中，持续的工作不安全感与新增抑郁症状有关，且在承担养家糊口责任的工人中最为明显（Jang et al.，2015；Yoo et al.，2016）。瑞典也发现类似证据，负责主要家庭收入的工人会感到心理压力，幸福感降低（Richter et al.，2014）。

（二）创新能力

员工的创新行为是认识问题、提出想法或解决方案，并最终创造产品的一系列过程，具体包括独立解决问题、自主决策、积极应用新技术和方法，以及创造新成果（Scott and Bruce，1994）。Wang 等（2019）指出，根据资源保存理论，个体寻求积累自尊、地位、社会支持等资源，以抵御或克服威胁。压力或创伤性事件会消耗这些资源，从而增强对后续任何负面事件的敏感性。工作不安全感构成了资源损失的威胁，受到这种威胁的个人会消耗心理资源，导致情绪疲惫、人格解体、个人成就感下降、工作热情下降、绝望，缺乏创新行为。周浩和龙立荣（2011）以上级—下属配对数据为样本，证实工作不安全感对员工创造力有倒"U"形的影响，中等工作不安全感水平下员工的创造力最强；自我效能对员工创造力有显著的积极影响；工作不安全感与自我效能的交互效应显著，自我效能越高，工作不安全感对员工创造力的影响越小；工作不安全感、自我效能及其交互效应通过内在动机的完全中介效应影响员工创造力。张勇和龙立荣（2013）同样证实工作不安全感对创造力有显著的负向影响，且通过抑制人与工作的匹配进一步抑制自我效能提升。

（三）工作绩效

一般来说，工作不安全感与感知到的工作满意度和生活满意度之间紧密相关。有研究表明，当员工对其工作的未来不确定时，他们在情感上倾向于退出（Cheng and Chan，2008；Sverke et al.，2002）。例如，工作不安全感降低工作满意度（Heaney et al.，1994）、工作参与度（Dekker and Schaufeli，1995）、对组织的信任（Ashford et al.，1989）和组织承诺（Davy et al.，2015），并且有可能会提高辞职的可能性（Probst，2005）。根据 Cheng 和 Chan（2008）的研究，工作不安全感与工作绩效之间存在显著的负相关关系。进一步研究发现，丈夫的工作不安全感会影响夫妻的生活规划和压力。这表明工作不安全感不仅影响员工本身，也会影响其家庭和工作。

不仅如此，那些具有工作不安全感的员工会对工作表现出消极的态度和较低的满意度，最终危害到员工的安全行为和绩效。Probst 和 Brubaker（2001）发现，具有工作不安全感的员工，其安全知识水平较低，不乐意遵守安全政策。Quinlan（2005）发现，不稳定的就业、工作不安全感和职业安全结果（如伤害率）以及安全合规性之间存在负相关关系。在国内研究中，张璇等（2017）指出，当雇员感知到自身工作受到威胁而又无力应对时，出于避免失败和自我保护的目的，会减少冒险和尝试，员工主动提高组织安全水平的行为也会减少。王松等（2016）证实工作不安全感对安全绩效存在消极影响。

三 工作不安全感的前因变量

已有研究表明，工作不安全感由微观因素（员工人口统计学和人格）和宏观因素（社会经济背景、组织变革和文化）决定。根据本书的研究目的，本部分重点回顾了外派员工工作不安全感的相关文献。

（一）个体特征

作为一种主观感知，工作不安全感受到人口统计学变量的影响，包括性别、年龄、对家庭的责任、社会经济地位、受教育程度以及朋友和家庭的支持。除此之外，工作不安全感还受到人格因素的影响，包括自尊和乐观、情绪智力、自我调节机制、自我评价、灵活性等。例如，Caligiuri（2000）对美国信息技术公司的外派员工和主管的调研发现，外派员工的外向性、随和性、情绪稳定性与其终止外派任务的意愿负相关，外派员工的责任心越强，主管对其的外派绩效评价越好。

作为外派员工，其工作不安全感还面临着以下挑战：外派不适应（Lee，2005）、工作满意度缺乏（Bonache，2005）、职业发展受限（Kraimer et al.，2009；Stahl et al.，2009）。来自组织的持续支持会改善员工的外派情境，对工作不安全感产生正向影响。

（二）组织因素

1. 组织支持

已有研究表明，从国际派遣和回国后晋升中获得的知识和技能可以减少焦虑，降低回国人员辞职的意愿。邵芳（2014）指出，缺乏职业发展、工作条件恶化、工资较低、降职等情况影响员工的长期发展，可能会引起其工作不安全感。组织发展性支持作为一项压力干预策略，能有效降低知识型员工的工作不安全感和工作不确定性（王雅茹等，2018）。为此，有学者建议企业在海外派遣之前、期间和之后都应该提供必要的组织支持，以最大限度地降低外派员工的工作不确定性。例如，Mezias 和 Scandura（2005）建议企业应该帮助面临国际任务和不确定性的外派员工。因为外派员工在东道国面临着文化冲突的客观形势，与东道国员工之间存在沟通压力；当外派员工的适应能力较差时，外派员工会担心失去外派机会，同时，被迫提前回国可能会影响他们与东道国员工的沟通、在同事中的声望和后续工作的开展（Wang et al.，2014）。

有学者将外派员工进一步细分为由其雇主派遣到海外子公司的组织外派员工（Organizational Expatriates，OES）和自主外派员工（Self-initiated Expatriates，SIE）（Jokinen et al.，2008）。自主外派员工自主决定是否在国外生活和工作（Peltokorpi and Froese，2009），因此，SIE 与 OES 之间的关键区别在于外派的主动性。考虑到自主外派员工在东道国缺乏工作和就业保障，他们不太可能获得专门针对外派进程的组织支持（Jokinen et al.，2008），拥有国际经验和新工作经验、获得职业发展/职业进步和经济效益、寻求更好的就业机会是他们的重要驱动力（Suutari and Brewster，2000），此时组织应该调整人力资源管理实践，降低自主外派员工的工作不安全感，增强其对就业的感知，以便他们在组织内部和外部获得更好的工作机会（Fontinha et al.，2018）。

2. 回任安排

有研究表明，外派员工的归国回任可能是外派任务中最容易出问题的阶段（Stahl et al.，2009）。公司面临着留住具有国际任务经验的专业人员的挑战。对回任工作不满意被认为是造成海外派遣员工离职率高的主要原因之一。Cho 等（2013）指出，具有儒家价值观的韩国员工会忠于上级安排，接受海外派遣任务；任务（提前）结束时，即使他们有能力留在东道国，也不会提出异议或者辞职，而是听从上级的安排回国。但是其他学者认为，还是有相当大比例的外派员工会在任务结束后

（甚至在任务结束之前）更换新工作（Suutari and Brewster，2003）。这种情况通常伴随对回任工作安排的不满意，外派回任人员产生了晋升无望、被迫调岗等心理压力和工作不安全感，迫使归国人员寻求组织外部的选择（Suutari et al.，2018）。李桂芳和周博然（2016）证实了外派员工在回任阶段存在各种不适应以及对跨国公司安排的不满。这种"不适"和"不满"是导致外派回任失败的源头。因此，他们强调工资保障和职业发展路径对维护外派员工忠诚度的重要性。如果组织安排低于员工预期，组织和外派员工间的信任关系将会被打破，员工工作不安全感增强，心理契约将逐渐丧失，最终导致回国人员辞职。

3. 组织公平

当员工意识到受到不公平的对待时，他们很可能通过心理和行为上的退却来恢复社会交换关系的平衡。已有研究证明，组织不公平与对工作的不满（Sparr and Sonnentag，2008）、工作疏远（Howard and Cordes，2010）、离职意向和旷工（Tekleab et al.，2005）等有关。

组织不公平也会引发离散的情感反应（Weiss et al.，1999），并与情感态度有关，如对组织的情感承诺等（Colquitt et al.，2001；Gopinath and Becker，2000；Lavelle et al.，2009）。谢义忠等（2007）证实了通过改善组织的程序公平，可以降低员工的工作不安全感，进而提高其工作满意度、增强组织承诺。

第三节　外派适应的相关研究

一　相关理论回顾

（一）理论基础

1. 个体—环境匹配理论

个体—环境匹配理论（Person-Environment Fit Theory）认为工作压力来源于个体能力与工作要求的不匹配。只有个体特征与工作环境相匹配时，员工才会有较好的工作成绩。

具体到外派适应的相关研究，如果外派员工自身跨文化适应能力不足以应对相应的工作，则会产生较大的工作压力，出现情绪波动、心理困扰和健康恶化等连锁反应（何蓓婷、安然，2019）。在此基础上，结合自我决定理论，如果外派员工能够持续努力改变认知，并努力应对，即通过个体自主的内在调节实现自我与外界环境协同的整合，则可能与新环境建立和维持相对稳定、互利、功能健全的关系，并建构"压力—适应—动态成长"（Stress-Adaptation-Growth Dynamic）的模式。

2. 交互理论

交互理论（Interactional Theory）认为，压力的产生是一个动态过程，该过程随着时间和任务的变化而变化。个体和环境的关系以及个体与环境的匹配程度都不是固定不变的。Ganster等（1982）提出，消除工作压力的方法是改变组织情况，而不仅仅是让个体去适应产生压力的组织，即组织需要提供对压力管理的相应指导。

外派适应是一种心理适应，是在个体与环境相互作用时产生的一个从心理冲突、博弈、化解、理解到认同的过程（林肇宏等，2020）。结合资源保存理论，外派适应显然是一个典型的资源损耗过程；而组织支持可以看作应对跨文化适应压力的社会支持资源（何蓓婷、安然，2019）。

（二）度量指标

在过去的几十年里，理论界和实践者都致力于研究外派员工在跨国管理中的适应问题（Yamazaki，2010），研究主题包括但不限于适应过程（Adjustment Process）（Black et al.，1991；Aycan，1997）、适应（Acculturation）（Mendenhall and Oddou，1985）、适应悖论（Paradox of Adjustment）（Brewster，1993）、外派工作福利（Expatriate Well-being at Work）（Nicholson and Imaizumi，1993）、外派适应和满意度（Expatriate Adjustment and Satisfaction）（Torbiörn，1982）、外派经验和适应（Expatriate Experience and Adjustment）（Thomas，1998；Selmer，2002；Takeuchi et al.，2005）等。Black 和 Stephens（1989）确定了跨文化适应的三个不同方面，即一般适应、互动适应和工作适应。一般适应包括外派员工在国外的生活方式；互动适应解决了外派员工与当地人建立关系的问题；工作适应涉及外派员工融入工作场所的方式。这三个方面的有效性在不同研究中得到确认，被广泛运用于外派适应研究中（Bhaskar-Shrinivas et al.，2005），具体如表 2 - 3 所示。

表 2 - 3 外派适应量表

因子	题项
因子1 一般适应	1. 在海外派遣期间，是否适应当地的生活
	2. 在海外派遣期间，是否满意居住条件
	3. 在海外派遣期间，是否适应当地的饮食习惯
	4. 在海外派遣期间，购物是否便利
	5. 在海外派遣期间，能否接受生活成本
	6. 在海外派遣期间，是否有机会参加娱乐活动
	7. 在海外派遣期间，医疗是否便利
因子2 互动适应	8. 在海外派遣期间，是否与当地居民有社交行为
	9. 在海外派遣期间，是否与当地居民有日常的互动活动
	10. 在海外派遣期间，是否与公司以外的当地居民有互动活动
	11. 在海外派遣期间，是否与当地居民交谈
因子3 工作适应	12. 在海外派遣期间，是否了解并承担具体的工作责任
	13. 在海外派遣期间，是否了解工作标准，并满足相应的期望
	14. 在海外派遣期间，是否了解并承担监督责任

Froese（2012）沿用了 Black 和 Stephens（1989）的分类，但是简化了每个维度的问题。例如，一般适应维度只有一个问题，即"你对韩国的生活条件有多满意"；互动适应有两个问题，即"你对韩国的社交生活有多满意""你通常和谁在一起"；工作适应包含三个问题，即"你觉得你的教学怎么样""你的研究进展如何""你和同事相处得怎么样"。

Kamoche（1997）认为，Black 和 Stephens（1989）的分类可能会造成外派管理层过多关注外派员工的福利和社会需求。他指出跨文化适应是一个多方面的现象，应该综合考虑情感、认知和行为。基于此观点，Haslberger（2005）从情感、认知和行为三个方面讨论了外派适应过程。在后续研究中，Haslberger 等（2013）进一步将外派适应划分为工作适应和非工作适应，这两个维度均包括认知适应（Cognitive Adjustment）、情感适应（Affective Adjustment）和行为适应（Behavioral Adjustment）三部分。

二 外派适应的结果变量

全球化和世界经济的变化促使跨文化互动显著增加，越来越多的中国跨国企业选派员工到不同国家完成一个目标或者在一段时间内处理某项业务，目的是提高海外子公司业绩、建立本地和母公司之间的良好关系、转移知识、提升国际管理能力，甚至感知世界一体化的基础变革（Lin and Zhao，2016）。有研究发现，全世界近80%的大中型企业将其专业人员派往国外，45%的企业打算增加外派员工数量（Black and Gregersen，1999）。但是外派并不都是成功的，外派适应被认为是外派成功的本质性因素，能够较好地预测外派绩效。外派不适应不仅会影响外派绩效，还会对员工个体产生影响，主要表现为较大的精神压力以及家庭和工作的冲突。

（一）外派绩效

大部分研究关注并普遍认同外派适应整体和外派绩效之间的正相关关系（Parker and McEvoy，1993），也有研究关注了外派适应的子维度（一般适应、互动适应和工作适应）与外派绩效的关系。

1. 外派适应整体与外派绩效

Bhaskar-Shrinivas 等（2005）分析发现，10%～15%的外派员工绩效差异是由外派适应造成的。外派适应的三个维度均与提前回国意向显著负相关。Tucker 等（2004）同样发现，跨文化适应因素解释了29个国家的17家公司100名企业外派员工工作绩效差异的45%。Taiwan 等（2017）证实了变革型领导和外派适应对泰国员工的外派绩效有正向影响。林肇宏等（2020）证实了在中国跨国企业海外分公司的外派员工中，跨文化适应对外派员工的工作绩效有显著正向影响。

除此之外，外派适应还会对外派员工的工作满意度产生影响。当外派员工由于心理失落对非工作环境产生不适时，也会对其工作适应和工作态度产生负面作用。Hechanova 等（2003）认为外派适应与工作满意度正相关，与工作紧张负相关。

2. 外派适应各维度与外派绩效

Takeuchi（2010）认为工作适应是衡量外派绩效最主要的指标。Kraimer 等（2001）则认为外派适应的三个维度（一般适应、互动适应和工作适应）之间存在相关关系，并证实了互动适应促进一般适应，但是一般适应与工作适应的相关关系并未通过显著性检验。Shay 和 Baack（2006）也强调了与东道国员工互动适应的重要性。他们认为工作/非工作的互动适应均有利于一般适应，并进一步缓解工作中的文化冲突，提高工作适应能力，最终实现工作绩效的改善。周燕华（2012）提出中国企业成规模的国际化发展时间很短，中国员工大多处于低层次的跨文化敏感性阶段，并没有做好国际化准备，所以只有工作适应对外派绩效具有直接的显著正向影响效果，而互动适应和一般适应对工作适应具有显著正向影响。徐笑君（2016）强调，跨文化沟通能力是外派员工学习战略性隐性专业知识的重要影响因素，并间接影响员工任务绩效。

（二）个体表现

1. 精神压力

Oberg（1960）认为在跨文化过渡时期，外派员工所经历的迷失方向和焦虑带来了文化冲击。它是适应新文化（包括风俗、语言、规范等）的自然结果，通常表现为焦虑、易怒和心理不适等症状。J. T. Gullahorn 和 J. E. Gullahorn（1963）认为外派员工的适应过程是一个"W"形曲线，包含四个关键阶段，分别是潜伏期、危机时期、恢复期、完整接受东道国文化期，反映了个人对新环境的心理和文化适应过程。

未能成功应对外派的跨文化挑战可能会导致精神健康问题。潜在的压力源包括外派员工对新工作的适应、移居国外、伴侣放弃工作、子女上学、与亲人长期分离、适应新住所、改变家庭习惯、改变经济状况、文化差异、角色冲突等（Patterson，1988；Hechanova et al.，2003；Haslberger and Brewster，2008）。适应新环境和生活造成的压力可能会持续存在（Patterson，1988），导致心理压力增加（Silbiger and Pines，2014）、抑郁（Magdol，2002）、酒精滥用。不仅如此，身心健康受损也会降低婚姻满意度和工作的再分配意愿，并且会恶化对工作主管的态度等（Anderzén and Arnetz，1999）。

Nunes 等（2017）认为，外派员工面临着不同的政治、法律和社会环境。这种情况会使人产生压力和疲劳，并可能会因外派员工的不适应而加剧，进一步增加压力，导致其对外派工作的消极态度和不满情绪，对外派员工产生负面影响。周舜怡和苏中兴（2021）指出，面对来自异国他乡的文化环境差异，当个体难以通过有效的社交来弥补消耗掉的资源时，就容易导致情绪耗竭。情绪耗竭是外派员工的主要心理问题。

2. 家庭关系

Copeland 和 Norell（2002）认为，移居国外可能会使家庭关系变得更加亲密，尤其在社会资源有限的东道国，因为妻子和子女面临着相似的挑战（Cieri et al.，1991）。Osland（2000）发现，外派员工离开家乡适应跨文化大约需要 6 个月的时间。在此阶段，外派员工及其家庭对自己的身份、价值观以及日常生活产生了一种不安感。但当他们通过学习适应了跨文化生活后，会为自己完成挑战而感到自豪。

周舜怡和苏中兴（2021）认为，中国企业已婚的外派员工可能存在家庭和工作的冲突。员工会分散注意力去处理相关事务，从而消磨部分精力和情绪。

三 外派适应的前因变量

外派适应作为一种心理适应，受到外派员工个体特征的影响，包括学习技能和经验、语言和沟通技能、配偶和家庭关系、外派动机。除此之外，不同的组织支持和社会环境也会对外派适应造成影响。

（一）个人特征

1. 学习技能和经验

外派员工技能被认为是适应外派生活和工作的关键。经验学习理论不仅适用于管理和教育领域，在跨文化研究领域也备受学者的关注（Yamazaki，2010）。个人学习技能和经验是外派员工适应跨文化的一个中心因素（Boyatzis and Kolb，1991）。学习技能通过经验获得和发展，并随着与环境相适应的个人发展而变得更加多样化（Boyatzis and Kolb，1995）。外派员工通过利用海外派遣机会和遵循一系列的作业要求，依照自己的经验快速适应和学习，以培养应对挑战性环境的必要技能。以往的学习技能和经验确保了外派员工的有效表现，从而为外派员工的适应做出积极贡献。既往经验不仅对外派适应具有强大的缓和及间接影响，还会影响其他预测变量（Shaffer et al.，1999；Takeuchi et al.，2005）。但 Black 等（1991）强调，外派员工只有与东道国国民频繁互动、深入当地文化生活，以往的国际经验才会充分发挥作用。

2. 语言和沟通技能

Ward 和 Kennedy（1999）强调了沟通技巧在跨文化适应中的重要性，它是建立人际关系和理解新文化的手段（Mendenhall and Oddou，1985），交流依赖共通的语言。Froese（2010）指出，语言能力和关系技能对跨文化适应的各个方面产生了积极的影响。Caligiuri 等（2001）证实，如果外派员工被外派到其母语国家（如以英语为母语的员工被外派到说英语的国家），则外派员工在文化沟通和派遣预期方面更加准确，对跨文化适应有积极影响。反之，语言的不通会造成语言障碍。这种障碍给不同文化的双方之间设置了一种心理屏障，拉大了文化距离。Bhaskar-Shrinivas 等（2005）发现，当外派员工从一个经济欠发达国家转移到一个发达的东道国时，语言能力对工作适应尤为重要。何蓓婷和安然（2019）发现，由于语言障碍、文化差异等，外派员工与本地员工的接触比较少，双方在工作之余的沟通并不深入，互动也不频繁，不利于外派员工的国际化技能提升。Nunes 等（2017）强调不同族群成员之间的互动可以增进相互了解，减少敌意和偏见，有利于不同社会背景下的群体友谊（Kim，2012；Pettigrew and Tropp，2006）。因此，外派员工和东道国国民之间的互动有利于提升外派绩效。

3. 配偶和家庭关系

外派造成了家庭角色和生活环境的重大变化。除了个体技能外，配偶和家庭关系是外派员工跨文化适应的最重要预测因素，因为配偶的不满可能具有溢出效应，会对外派员工的跨文化适应产生负面影响（Caligiuri et al.，2002）。家庭成员无法适应国外环境被认为是外派员工失败的关键原因之一（Haslberger and Brewster，2008）。Richardson（2006）和 Vance（2005）认为，配偶和家庭关系可能对跨文化适应产生积极影响。一个成功的外派家庭应该具有冒险精神、幽默感和良好的沟通能力，所有成员都朝着同一个方向努力，所有成员在家庭决策中都被视为重要人物，家庭成员努力在家庭外社交。同时，配偶和子女的幸福感以及优质教育和课外活动均能影响外派员工的总体满意度。

Weeks 等（2009）指出，能够有效适应跨文化的青少年家庭在国外停留的时间会比原计划更长；同时，这些孩子未来可能拥有更强的跨文化适应能力。Bonebright（2010）指出，成年 TCK（Adult Third Culture Kid，即在父母文化之外的国家度过了他或她大部分成长阶段的人）习惯了国际的频繁旅行和改变，通常具有良好的教育和语言技能，以及适应新地点、新工作和新生活的经验，但是这种多重身份或多元文化经历会使 TCK 缺乏明确的归属感（Moore and Barker，2012）。

4. 外派动机

国内外文献探讨了员工接受外派任务的原因，认为外派动机是影响外派适应的重要因素，外派动机可以归结为以下几个原因。

（1）外派员工意愿

Dickmann 等（2008）以雇主派遣到海外子公司的外派员工（OES）

为研究对象，发现领导技能和职业发展潜力等职业相关因素是 OES 接受外派任务的最重要因素，其次是家庭因素，如配偶移居国外的意愿、子女的教育需求等。以中国雇员为样本的研究发现，中国雇员通常将外派看作报酬增长和职业发展的机会。Richardson 和 Mallon（2005）持有不同的观点，他们认为家庭起了重要作用，外派员工的家庭强烈影响了外派员工的意愿；薪资和职业发展虽然也很重要，但只是其接受外派工作的次要因素。丁言乔等（2022）认为外派自主性需求、社交需求和胜任需求对个体外派动机的形成具有关键影响。

（2）外派员工类型

Suutari 和 Brewster（2000）比较了 448 名芬兰外派员工的特征，发现 SIE（33%）和 OES（67%）均对国际新经验和职业发展产生了浓厚兴趣。但是，SIE 对国内就业的兴趣较低。有学者认为研究样本之间的差异（如不同职业、年龄组、东道国和国籍）会导致研究结果存在差异。例如，Thorn（2009）认为对于新西兰的 SIE 而言，文化和职业发展是主要的激励因素。文化因素包括旅游机会、体验外国文化的可能性等，家庭和薪资问题只是次要激励因素。丁言乔等（2022）发现，我国企业员工的外派动机较为复杂，按照自我决定程度的高低可归纳为自我发展性动机和职责驱动性动机两类，二者并非相互对立的动机。

（二）组织支持

1. 跨文化培训

很多研究表明，外派员工及其家人若没有受过足够的培训，则无法应对他们在工作期间可能遇到的不确定性和压力。与东道国的接触、跨文化经验和培训均能帮助外派员工获得适当的技能。Zeynep（1997）认为，外派工作的成功不仅取决于外派员工的能力和技能，还取决于派遣前和派遣期间的组织（母公司和当地单位）支持和协助，并认为跨国公司的国际结构、价值取向、生命周期、多元化培训、战略规划和社会化等是外派员工适应的预测因素。Caligiuri 等（2001）证实，如果企业在外派前为外派员工提供了量身定制的相关跨文化培训，则外派员工在派遣前会有准确的预期，而准确的预期反过来又会积极影响跨文化适应。Eschbach 等（2001）证实在外派前和外派期间接受严格跨文化培训的管理者将不会遭受强烈的文化冲击，外派适应的时间缩短，能更快地熟悉工作，提高工作效率。Sousa 等（2017）梳理了 1980 年以来的文献，发现跨文化培训和语言培训是最常见的，能够对外派员工的绩效和适应产生积极的影响。然而，Tucker（2017）整理了全球 140 个组织的数据，发现只有 25% 的组织将跨文化培训作为重点，这影响了外派的成功与否和外派绩效。

Qin 和 Baruch（2010）探讨了跨文化培训和职业态度对中国外派员工的意义。他们发现，职业态度是外派适应的决定性因素。虽然外派前的跨文化培训对外派适应的影响在统计上并不显著，但在实践中得到了普遍认可和重视。

2. 情感/物质激励

何蓓婷和安然（2019）发现，中方外派员工在海外面临的最严重的问题源自寂寞和孤独、思乡想家引发的社交孤立。由于中国雇员一般不携带家属执行外派任务，企业必须对其家庭给予重视，尽可能鼓励家属"随军"，或实施家庭友好政策（如子女教育基金、定期探访家属等）。

Dickmann 等（2008）发现跨国企业通常采用"胡萝卜 + 大棒"的组合方式来促使员工接受外派工作。例如，通过威胁（含蓄地）职业发展迫使员工接受外派，或者通过提供货币激励、工作学习机会和职业发展机会等促使员工接受外派。

（三）社会环境

1. 母国和东道国的价值观

一般而言，当东道国的工作价值观以及工作期望与原有工作方式存在显著差异时，外派员工需要自己忍耐和克服，以完成外派工作和目标。如果外派员工适应调节能力较强，则可以接受东道国的价值观，调整自身的态度和行为，与东道国员工的态度和行为保持一致（周舜怡、苏中兴，2021）。Shay 和 Baack（2006）发现，当外派员工接受了东道国文化、认同了新角色，则会对绩效评级产生正向影响。

2. 母国和东道国的文化距离

文化距离是影响跨文化适应的主要因素之一。Jun 等（2001）认为，对东道国文化的满意度会影响外派员工对当地和母公司的承诺。两种文化的差异越大，外派员工在生活和工作中所犯的错误越多，越容易沮丧，越会对东道国居民产生愤怒和抵触情绪。

除此之外，文化韧性（Mendenhall and Oddou，1985）或文化新颖性（Black et al.，1991）也被广泛地用于解释文化距离。根据 Hofstede 和 Bond（1984）的观点，可以从六个维度把不同国家文化归为不同的类别。这些维度包括权力距离（Power Distance）、个人主义（Individualism）、男子气概（Masculinity）、不确定性回避（Uncertainty Avoidance）、长期定位（Long-term Orientation）和放纵（Indulgence）。

两个国家之间的文化距离越大，外派员工的适应过程就越具有挑战性。Bhaskar-Shrinivas 等（2005）提出，母国文化和东道国文化差异越小，员工外派越适应，尤其是对海外生活条件越适应。外派员工的母国经济水平越高，他们在东道国适应的可能性就越小；或者东道国文化与外派员工既往经验越相似，外派就越容易成功（Selmer，2002；Takeuchi et al.，2005）。周燕华和崔新健（2012）认为，文化距离在外派员工和东道国居民的网络紧密度与一般适应关系中具有正向调节效应，在互动频率与工作适应中具有负向调节效应。

第四节　外派管理实践的相关研究

一　外派管理实践的相关理论

（一）理论基础

1. 组织支持理论

Eisenberger 等（1986）在社会交换理论和互惠原则的基础上提出了

组织支持理论（Organizational Support Theory）和组织支持感（Perceived Organizational Support，POS）的概念，其中组织支持是组织支持理论的核心。Eisenberger 等（1986）表示，组织与员工关系的主要来源是相互的需求和期望，员工愿意为组织工作以获得报酬。因此，只有了解并满足员工的需求，才能产生有效的激励。组织支持理论强调，员工认为组织重视他们的贡献并关心他们的福祉。

在外派具体实践中，外派员工对组织支持感知的程度与组织提供的资源支持多少息息相关。组织支持是一种特殊的社会支持资源，既包括提供有价值的信息和非物质资源，也包括提供物质奖励和职位提升机会等（刘燕、李锐，2018）。

2. 代理理论

代理理论（Agency Theory）认为，委托人与代理人的利益冲突会导致高额的代理成本，需要设计有效的激励约束机制，保证代理人能够按照委托人的利益调整自身行为。

跨国企业母公司与海外子公司之间地理位置的分隔在给予子公司一定自主权的同时，也加剧了二者之间的委托代理问题（高瓀峻等，2021）。过长的委托代理链条提高了信息不对称程度，同时可能会导致高昂的代理成本。为此，母公司通过派遣员工实现对子公司的监督与控制，维护母公司的利益。

因此，基于代理理论的观点，跨国公司需要对外派员工进行培训，使其更快地适应海外生活，并有能力处理当地事务，更好地协调子公司和母公司之间的矛盾和冲突；同时需要制定合理的薪酬激励和约束机制，推动外派员工将丰富的国际化经验和专业知识转移到子公司的发展和建设中，最小化海外子公司与母公司之间的委托代理成本，促进母公司国际化战略的实施和落地。另外，为了取得东道国制度文化环境的认可，中国企业的海外子公司会不断提高组织合法性（黄中伟、游锡火，2010）。外部治理环境的完善也会降低代理成本，提高治理效率和公司绩效。

（二）度量指标

外派管理实践是指企业关于跨国外派员工的一系列管理事务或管理措施，旨在培养外派员工的组织支持感，以影响其跨文化适应能力。组织支持感最初被定义为员工对组织关心其福利的程度以及对其贡献的重视程度的感知（Eisenberger et al.，1986）。Erbacher 等（2006）将组织支持定义为"组织（包括母公司和本地公司）向外派员工提供援助的程度"，具体度量指标包括经济支持、家庭支持和一般支持。Kraimer 等（2001）指出组织应该给员工提供方方面面的支持，具体包括社会支持、主管和同事支持、后勤和一般支持（如住房、医疗设施或法律法规）、入境支持（如签证或工作许可证）以及员工福利等。在此基础上，Kraimer 和 Wayne（2004）归纳了外派组织支持的多维量表，包括经济支持（Financial POS）、职业发展支持（Career POS）、调整适应支持（Adjustment POS）。具体量表如表 2 - 4 所示。Lin 和 Zhao（2016）对中国企业员工的组织支持感进行了研究，并将其划分为工作支持、贡献认可和收益三个维度，对应满足生存、尊重和职业发展需求。虽然组织支持感有一维和二维的划分，但 Kraimer 和 Wayne（2004）的划分方式被广泛认可，并被运用于后续的系列研究中。

表 2 - 4　外派组织支持量表

因子	题项
因子 1 经济支持	1. 公司在经济上照顾了我
	2. 公司提供给我很好的经济奖励和津贴
	3. 我得到了公司的慷慨资助
	4. 我不抱怨与我的外派任务相关的经济利益
因子 2 职业发展支持	5. 公司对我的职业生涯感兴趣
	6. 公司在做出有关我的职业生涯的决定时会考虑我的目标
	7. 公司会让我了解可提供给我的职业机会
	8. 我觉得公司关心我的职业发展

因子	题项
因子3 调整适应支持	9. 公司关心我的家庭幸福
	10. 公司提供长期的语言培训
	11. 公司帮助外派员工融入当地生活
	12. 公司提供所派驻国家的风俗文化培训

综上所述，外派员工的组织支持感主要包括他们对组织提供的外派支持、职业发展和经济利益帮助的感知。外派员工的回任适应和管理是降低回任人员离职率、进行知识和资源整合的重要手段（叶晓倩等，2017）。因此，国内学者王玉梅和何燕珍（2014）补充了前人的研究，将外派管理实践分为回任安排、福利支持、工作促进和社会支持四个方面共 24 个题项的量表，具体如表 2 - 5 所示。

表 2 - 5　外派管理实践量表

因子	题项
因子1 回任发展	1. 公司能够履行对外派员工回任后的工作安排承诺
	2. 公司优先照顾回任外派员工对工作岗位的选择
	3. 公司在外派前对外派员工回任后的安排给予合理的承诺
	4. 外派员工回国后一般都可以得到升职
	5. 公司外派员工在满足外派年限后可以按其意愿回国
因子2 福利支持	6. 公司解决外派员工的交通出行问题
	7. 公司保障外派员工的人身安全
	8. 公司为外派员工提供良好的住宿
	9. 公司能保证外派员工的通信方便
	10. 公司能帮助外派员工解决医疗问题
	11. 公司能为外派员工及时足额地缴纳各项保险
	12. 公司通常会批准紧急事假
	13. 公司安排了合理的探亲假期
	14. 公司为外派员工提供了合理的报酬
因子3 工作促进	15. 公司为外派员工提供了合理的绩效考核标准
	16. 公司为外派员工制定了明确的工作职责

续表

因子	题项
因子 3 工作促进	17. 公司给予外派员工足够的权力
	18. 公司为外派员工制定了明确的外派目标
	19. 公司给外派员工发放详细的外派员工管理手册或相关材料
	20. 公司建立对外派员工的专家支持系统，提供专业而权威的帮助
因子 4 社会支持	21. 公司定期组织外派员工聚会，在内部沟通交流文化隔阂等问题
	22. 公司提供长期的语言培训
	23. 公司帮助外派员工融入当地生活
	24. 公司提供所派驻国家的风俗文化培训

注：为了与前述工作不安全感的因子有所区分，量表并未采用王玉梅和何燕珍（2014）回任安排的说法，而是命名为回任发展。

二 外派管理实践的结果变量

（一）跨国公司绩效

现有关于外派员工及外派效果的研究多基于外派过程中知识转移的视角。知识转移存在两条路径：一条是从母公司到子公司的外派知识转移，另一条是外派期间从子公司向母公司的知识转移。相应地，外派管理既可以给子公司带来绩效改善，也可以给母公司带来新的活力。

1. 知识转移下的创新绩效

李京勋等（2012）强调了海外子公司的社会网络对知识获得的重要性，指出面对文化差异、心理距离等因素造成的母公司和子公司信息不对称，母子公司管理者之间的信任和沟通频率对子公司获取母公司的知识具有正向影响。尚航标等（2015）同样证实了海外网络嵌入对知识获取的正向作用，指出在互动过程中形成的人与人之间的关系和合作能力可以缓解母国和东道国之间由社会环境不同导致的网络知识资源的黏滞性问题，进而提升企业创新绩效。王娟茹和杨瑾（2019）关注了回任人员的创新行为，发现回任人员积累了较多的国际经验，可以转移给母公司员工，并通过整合与重组产生协同效应，明显地影响员工的创新行为。回任人员是跨国公司创新思想的重要来源（Brewster and Suut-ari，2005）。杨倩玲和白云涛（2017）强调外派回任人员的知识转移受到组织情境（组织文化和结构、组织政策以及高管团队）的影响，特别需要注意提供特定的内部沟通机制等支持政策，方能促进外派回任人员知识转移。

Su 等（2020）探究外派员工对东道国子公司创新绩效的贡献。他们认为外派员工拥有一定的经营经验、知识以及社会嵌入能力，可以通过培训将母公司的企业文化、经验、技术知识等分享给当地管理者及员工（Tan and Mahoney，2006），提高东道国企业的技术水平（Hocking et al.，2004；Bonache and Brewster，2001）。

2. 知识转移下的竞争优势和绩效

外派回任人员的知识转移可以对公司的整体绩效表现产生积极作用。外派员工在东道国接触到国际化商业规则、国际化运营复杂性、国外市场的特征、商业环境、文化特点、市场体系结构、个体顾客和供应商等特定知识，这些知识难以被竞争对手模仿，对跨国公司而言是具有价值的资源，可以通过外派回任人员将这些特定知识转移到母国以构建竞争优势，为母公司提供增加收益的机会（杨倩玲、白云涛，2017）。

同样，外派员工会将母公司特有的且具备难以模仿性和难以替代性的战略资源应用到海外子公司，并通过东道国有效的团队合作帮助子公司形成可持续的竞争优势，进而使子公司获取更高的盈利能力与市场地位。母公司也可能会在国外发现更低成本的供应商，做出更有利的决策，最终促进财务绩效和组织绩效的改善和提升。但就国际化人才的培养而言，中国跨国企业的外派管理却呈现失败率高、过程不可持续的特点。中国跨国企业急需一个可持续的、高效循环的外派管理体系（高璆崚等，2021）。

3. 安全氛围与安全绩效

职业安全问题是建筑业外派绩效中最重要的组成部分。人们意识到组织因素在职业安全中的重要性，催生了大量安全氛围和安全文化的研究（Clarke，2006；Glendon and Stanton，2000；Guldenmund，2000），并证实安全氛围与安全绩效之间存在积极关系（Beus et al.，2010；Christian et al.，2009；Kuenzi and Schminke，2009）。

安全氛围是"组织内员工对具有风险的作业环境的共同认知"（Zohar，1980），代表某一特定时间点对组织安全的感知价值。这些看法和信念可能会受到组织内其他员工的态度、价值观、意见和行为的影响，并且会随着时间和环境的改变而改变。安全氛围包括领导承诺和态度、安全意识、安全制度和监督，需要跨国母子公司领导层自上而下的重视。国内外大量研究表明，安全氛围在改进企业的安全行为方面有积极的影响。Clarke（2006）的研究表明，安全氛围与安全行为存在显著关系，良好的安全氛围能促进个体的安全行为（安全遵从行为和安全参与行为），减少事故和伤害等。Christian 等（2009）研究发现，个人和团队层面上的安全氛围与各类安全行为都存在中等程度的相关性。

（二）员工个体表现

组织支持水平在外派员工的决策过程以及外派是否成功中起着关键作用，对他们的职业满意度、留任意向、工作表现、知识分享意愿、心理健康和工作投入产生积极影响。结合本书研究目的，本部分主要整理了外派支持对外派员工的跨文化适应和留任意向的相关研究。

1. 跨文化适应

文化异质性导致跨国公司内不同文化背景的员工在工作中往往存在不同的认知，进而导致跨文化管理冲突。其中，"逻辑、语境"对跨文化冲突化解程度的影响最大，其次是"语言、理由"（谢冬梅等，2011）。Aycan（1997）证实了组织在外派文化适应中的重要作用。Parker 和 McEvoy（1993）提出相同的观点，认为组织支持可能是员工外派适应和外派绩效的一个重要决定因素。Caligiuri 和 Colakoglu（2007）考察了27 家成熟跨国公司的外派管理实践，发现具有全球战略的公司雇用了很多具有外派经验的高级管理人员，注重外派中领导力的培养。田志龙等（2013）认为，中国员工处于低层次的跨文化敏感性阶段，在跨文化知识、跨文化经验、跨文化技能（主要是外语）、跨文化能力（如跨文化组织、协调、领导等能力）和跨文化价值观（如抗压能力等）等方面并没有做好国际化准备，更倾向于雇佣东道国的员工和机构来应对挑战。因此，中国跨国企业需要解决外派员工的跨文化适应问题，以此促进中国企业的未来发展。王玉梅和何燕珍（2014）证实了外派管理实践对跨文化适应的显著正向作用，并发现了二者间的部分传导作用是通过组织支持感实现的。外派管理实践由工作促进、福利支持、社会支持和回任安排构成。其中，与外派员工切身利益相关的福利支持和回任安排对跨文化适应有显著正向影响，工作促进只对工作适应有显著的正向影响。Sokro 和 Moeti-Lysson（2018）认为，来自东道国员工的支持对推动外派员工的跨文化适应和整体成功是十分有效的。

2. 留任意向

外派员工关注的另一个问题是回任问题。回任人员通常会经历一个适应期，以适应母国组织的文化、制度和工作环境。在这个过程中，组织的协助至关重要，尤其是管理层和人力资源部门提供的与工作相关的支持（Ye et al.，2017）。当外派管理不到位时，可能会造成较多的回任离职。比如，Black 和 Gregersen（1999）发现，那些顺利结束外派工作而归国的外派员工中有 25% 在回国后的第一年就离开了公司。东道国与母国社会文化和组织价值观的不一致、被迫割裂已构建多年的海外社会关系网络、对母公司缺乏归属感等是外派员工回任离职的主要原因（杨春江等，2013；杨波等，2014）。Jayasekara 和 Takahashi（2014）证实外派前的人力管理行为会影响外派员工对未来职业发展和工作持续性的判断。当组织提供较多职业发展方面的支持时，外派员工就会感到继续待在公司是有发展前景的，也会就子公司的组织支持改进提出意见。

即使外派回任后暂时未离职，组织文化和制度也可能会影响外派回任人员的知识转移；反之，外派回任人员获得的组织职位越高，知识转移的可能性越大（杨倩玲、白云涛，2017）。Fan 等（2016）认为，目前中国跨国企业在海外扩张和操作层面普遍缺乏具有管理经验和全球视野的外派人才，严重阻碍了海外子公司的可持续运营。跨国企业需要重视外派回任人员的工作安排，其工作职责与海外工作相似度越高，越有利于知识转移。

三　外派管理实践的前因变量

如前所述，外派管理实践活动主要提供经济支持、职业发展支持和跨文化适应支持，以满足外派员工在生存、尊重和职业发展等方面的需求。外派管理实践受到组织层面因素的影响，同时在很大程度上受到文化距离以及制度距离的影响。

（一）组织层面

在关于组织支持的研究中，预测组织支持的前因变量包括组织公平（Ambrose and Schminke，2003；Allen et al.，2003）、主管支持（Levinson，1965）、组织待遇、工作环境（Wayne et al.，2002）和员工的个人特征。其中，组织因素对组织支持具有较强的预测作用，而员工个人特征对组织支持的预测作用较弱（Jing and Yan，2022）。具体在外派管理实践中，主管支持和组织待遇相对而言比较重要。

1. 主管支持

企业层面的组织支持和领导风格为外派动机的形成提供了具体的平台，有利于个人成长、职业发展等动机的形成。对于外派员工来说，高质量的领导—成员交换关系能够给他们带来相关信息、资源支持和社会化支持，以及更多融入东道国文化环境进行互动的机会，可以促使他们更好地适应在东道国的工作和生活（李卉、汪群，2018）。

2. 组织待遇

一般而言，跨国企业将外派员工从母国临时派遣到海外国家时，通常提供出差补助，以补充其海外生活的餐饮和住宿费用，这部分的出差补助主要根据当地生活水平确定。这样可能会导致从事与东道国员工相同工作任务的外派员工通过各种外派福利和津贴获得更高的报酬。Morley 等（2006）强调了东道国员工和外派员工薪酬的公平性。因为东道国员工和外派员工之间的工资差异可能导致二者均不满意，会引致工作场所的不稳定。黄勋敬和孙海法（2007）也认为外派员工薪酬体系的设计应该兼具激励与公平。一方面，建立全球统一的岗位级别及薪酬级别，便于外派员工归国后的职业生涯发展；另一方面，在全球各地采用不同的薪点值，平衡与外部市场的薪酬关系。周二华和李晓艳（2011）考察了在华跨国企业员工的薪酬差距，指出虽然本土员工与外籍员工的薪酬差距在缩小，但本土员工依旧认为薪酬不公平。其余针对中国的研究可以发现，薪酬（特别是绩效薪酬）的激励效果与员工心理账户或心理资本等要素有很大的关联。

（二）社会层面

1. 文化距离

母国文化特征将影响组织选择国际人力资源管理导向的偏好，进而影响企业的外派行为（高璆崚等，2021）。Li 和 Badri（2010）认为，文化是影响外派员工绩效的主要因素之一。Li 和 Scullion（2006）强调，文化是外派员工转移知识最重要的变量。Lunnan 等（2005）指出，跨国公司将"国外最佳做法"复制给子公司时，文化冲突可能会设置一些障碍。Lin 和 Zhao（2016）强调，有关文化的研究不应仅考虑文化距离，还应考虑民族文化本身。因为与组织文化相比，数百年来沉淀的民族文化对个人的影响最为广泛和深刻（Stashevsky and Koslowsky，2006）。他们从事前、事中、事后三个阶段，对民族文化对中国外派员工绩效的影响进行了探讨，认为民族文化对个体的影响非常大，是影响外派员工和跨国公司的重要因素。跨国公司需要根据中国文化的独特性，建立和完善绩效考核的方法和体系。

2. 制度距离

通常，东道国制度和本国制度之间存在一定差异，可以从监管、规范和文化认知三个维度来界定国家间的差异。合法性被认为是理解三大制度支柱的关键，是一种经过归纳而形成的认识和假设，代表"一个组织的行为在某种社会建构的规范、价值、信仰和定义范围之内是合乎需要的、适当的、恰如其分的"（Suchman，1995）。外派员工在进入新环境时，会察觉到母国标准与东道国标准之间的差异，并试图理解规范和价值观，其合法性将取决于他或她对新的规范和价值观的适应程度。一般而言，跨国公司在东道国建立合法性的难度越大，越影响跨国公司的行为、决策和战略。黄中伟和游锡火（2010）指出，中国企业国际化不仅依赖企业实力和高效运作，还取决于东道国制度文化环境的认可，即组织合法。中国企业的组织合法性越强，国际化绩效越好。组织合法性具体分为实用合法性、道德合法性和认知合法性三个维度。网络关系嵌入强度、网络成员信任水平与组织合法性显著正相关；网络成员的社会地位与道德合法性显著正相关，与实用合法性、认知合法性的关系不显著。许家云等（2017）以中国与共建"一带一路"国家为研究对象，指出各经济体在文化、法律、宏观经济制度以及微观经济制度方面的差异，显著抑制了双边进出口贸易的发展，且中国与共建"一带一路"国家的相邻效应表现为竞争关系，制度距离强化了相邻效应的竞争作用。Sokro 和 Moeti-Lysson（2018）建议在非洲做生意的跨国公司学会将东道国做法和文化价值体系纳入本公司的管理中，而不是严格遵循母公司的管理风格。

第五节　本章小结

本章梳理了心理授权、工作不安全感、外派适应和外派管理实践的相关文献，发现有关海外派遣、人力资源管理问题的研究保持一定热度，尤其是有关新兴市场企业的海外派遣和人力资源管理的研究。中国对外直接投资发展迅速，但是存在人才短缺以及可持续管理困境的问题，相关研究的关注度也在不断提升（高璆崚等，2021）。现有研究逐步细化和深入，尤其围绕外派员工的自我效能展开了系列探讨，强调外派员工的自主性动机和自我跨文化适应能力对外派成功的重要性。但是有关心理授权、外派适应、外派管理实践的作用路径和实证研究还需要继续补充和深入。

此外，从工作不安全感的角度对外派适应和安全绩效的研究严重不足。中国企业想要实现在海外市场的可持续发展，不但要取得优异的经济表现，同时要关注在东道国的社会绩效（高璆崚等，2021）。现有理论大多针对外派适应和外派管理实践的经济绩效展开，未从工作不安全感的角度考察其对海外子公司安全绩效的影响。建筑业是我国在外劳务人员主要分布的传统行业，其安全问题关乎建筑业的形象和未来发展，也是取得东道国国民认同的重要前提。因此，单纯从经济绩效的角度来解释和探索中国施工企业的人力资源管理行为，并不能获得充分的满意效果。中国施工企业想要实现在海外市场的可持续发展，不但要取得优异的经济表现，同时要关注安全绩效。因此，面对来自新兴市场企业对外直接投资的发展以及对外劳务派遣过程中存在的外派员工管理问题的挑战，中国施工企业的外派管理实践研究需要不断强化。

从研究结论来看，心理授权、工作不安全感和外派适应都与外派员工的心理状态有关，且受到组织因素和社会环境因素（文化距离和制度距离等）的影响。外派管理实践的相关研究证实，企业可以通过培养外派员工的组织支持感，影响其跨文化适应能力。上述研究还强调了心理授权的重要性。当员工认可工作任务，并有能力和动力自主去学习时，员工可以解决跨文化适应问题以及由此衍生的知识溢出问题，即员工具有较强的心理满足感、胜任力和自主性，这与心理授权有一定的契合度。因此，从心理授权角度来研究外派员工的相关问题有一定的可行性，并且能够满足"一带一路"背景下中国"走出去"企业的管理实践需求，助力国际化战略的实施。为此，本书在充分考虑中国社会及跨国企业发展现实的基础上，梳理现有文献和理论关系，从员工积极心理学和心理授权的角度出发，辅之以严格的实证检验，探索如何推进跨国企业的外派管理、提高安全绩效、实现国际化战略落地，具体延伸为以下四个方面。

第一，外派适应被认为是外派成功的本质性因素，外派适应的三维度并不是孤立存在的。在施工企业既定的安全氛围下，探索外派员工的跨文化适应如何影响安全绩效、三维度如何相辅相成，以解释外派员工层面的个体外派适应因素对上述影响机制有何作用，以此作为本书的研究起点。

第二，基于工作不安全感角度，探讨施工企业安全绩效问题。工作不安全感是员工对工作在未来能否稳定及发展的一种担忧，也是造成工作紧张的一个重要压力源（李燕萍、徐嘉，2013）。在激烈的竞争环境和职业变革中，国内外员工普遍存在工作不安全感，因而影响与组织的交换关系。国内研究极少涉及外派员工的工作不安全感，但外派员工的不安全感可能更加强烈。根据社会交换理论，当员工感到工作不安全时，其与组织的交换关系质量随之下降，从而会减少对安全生产规则的遵守（Ward and Kennedy，1992）。因此，工作不安全感可能是连接外派适应和员工安全绩效的重要桥梁。

第三，探索心理授权如何改善外派适应情况。以往研究揭示，海外企业会尽量规避员工的负面情绪，并更多地依靠保障措施来追求基本的安全行为。心理授权属于积极心理学，可以通过改变员工的内因来有效缓解员工的负面情绪，并提高其工作的自主性，尤其适用于新生代员工。那么，心理授权是否可以有效改善自我效能、提高外派适应能力，进而缓解工作不安全感、提高海外员工的工作满意度？对这个问题的回答可以有效地改进以往依靠缓解外部诱发因素来减轻员工心理压力的单一路径。

第四，外派管理体系能够通过人力资源的管理实践来获取价值再创造的能力。结合组织支持感，思考高效的外派管理实践的概念特征，探索其对员工安全绩效的影响，以推动企业国际化战略的落地。

第三章

施工企业外派员工安全绩效的模型构建

本章的研究假设按照以下逻辑提出：①安全氛围对外派员工安全绩效的影响——用于思考外派适应能力是否会对员工安全绩效产生影响；②外派适应与工作不安全感——用于解释外派适应影响安全绩效的路径；③心理授权对外派适应和安全绩效的调节效应——用于探究外派员工的自我效能感；④外派管理实践对外派适应的作用——用于说明组织支持和制度对外派员工的重要性。

第一节　安全氛围、外派适应与安全绩效的研究假设

自 Zohar（1980）提出安全氛围的概念以来，对安全氛围与安全绩效关系的探讨一直是研究热点之一。国内外大量研究探索并证实了领导承诺、安全环境、安全监督、安全意识等氛围的构建显著影响员工的安全绩效和行为。然而，上述研究很少以跨国施工企业员工为研究对象。随着全球化的发展以及"一带一路"倡议的提出，中国企业加快了"走出去"的步伐，外派员工数量不断增长，海外员工的行为研究逐步成为热点。根据《2019—2020 中国对外劳务合作发展报告》，建筑业是我国对外劳务合作优势行业，长期占据我国对外劳务合作行业规模首位。由于建筑劳动力成本高，行业外派员工和在外人员规模有所缩小，

海外雇佣所在国人员数量不断增加。外派员工的素质也呈现出明显不同，中高端劳务资源逐渐成为外派主力。

一 安全氛围与安全绩效

随着安全理论研究的不断深入和工程实践的不断完善，人们发现，员工的不安全行为是发生安全事故的主要原因，可以通过安全管理和安全氛围来预防不安全行为（Fugas et al.，2012；Kaila，2010）。作为组织安全状况的先验指标，安全氛围已被学者们普遍证实是安全管理成功与否的决定性因素之一（Probst，2015；Fogarty et al.，2017；Glendon and Stanton，2000），对改进企业的安全行为具有积极效应。例如，Clarke（2006）的研究证实，安全氛围与安全行为存在显著关系，良好的安全氛围能促进个体的安全行为（包括安全遵从和安全参与），减少事故和伤害等。Christian 等（2009）认为，安全绩效首先与安全知识和安全动机相关，其次是个人安全心理和团队安全氛围。团队安全氛围与事故伤害的关联度最高。吴建金等（2013）以建筑企业安全生产管理部门的员工为调查对象，设计了安全氛围、个体安全认知和个体安全行为关系的分析模型，指出组织安全氛围成熟度越高，个体安全认知感越强，对安全行为的影响作用越大。

虽然以往研究因行业和地区不同，安全氛围维度有所差异，但普遍集中在以下几个方面。

（一）领导承诺和态度

Dedobbeleer 和 Béland（1991）将施工企业的安全氛围划分为两个方面：管理层对安全的承诺和工人对安全的参与。张吉广和张伶（2007）将安全氛围划分为安全管理、安全意识、安全态度三个层面，认为安全管理对安全行为的正向影响最显著。Pilbeam 等（2016）发现，领导的安全承诺会影响员工的安全合规性。Li 等（2017）也指出，项目经理的安全承诺对安全氛围有影响，这是因为员工通过感知管理者对员工安全的关注来衡量安全氛围（Neal et al.，2000）。Wu 等（2019）

认为对于勘探行业而言，领导层的影响是安全管理的一个重要因素。项目经理对安全绩效行为的奖惩，将促进一线员工的安全生产，提高项目的安全氛围水平。

（二）安全意识

Wu 等（2019）强调，如果员工重视安全、响应安全政策，项目的安全氛围将大大改善。如果安全技术不能进一步降低事故发生率，安全态度作为预防措施，能够将事故发生率降低到可接受的水平。另外，一线工人和项目经理之间的安全沟通有助于纠正不安全行为，创造良好的安全氛围。Fugas 等（2012）发现，团队成员之间以及项目经理与团队成员之间的安全沟通增强了每个项目成员对项目安全氛围的共同认知。安全参与可以被视为员工工作职责之外的更深层次的安全行为，代表了员工的积极参与有利于组织的安全活动。例如，有经验的员工帮助新员工了解安全预防措施，员工积极反应安全问题，向上级提出建议等。Glendon 和 Litherland（2001）也提出，员工的参与对安全氛围有相当大的影响。团队成员之间的相互提醒有助于避免不安全行为。安全意识是影响施工人员安全绩效的最重要的个体因素。

（三）安全制度和监督

Wu 等（2019）认为，企业需要根据生产的性质和技术设备的特点，为各类职工制定基本规章制度，这是职工安全教育的主要依据。建筑业的安全法规是识别风险的基础。对安全制度的重视有利于确保项目安全管理人员的安全监督，改善作业中的安全氛围。Lee 等（2019）检验了个人层面的知识共享和安全绩效行为，以及组织层面的领导授权和安全氛围之间的关系，发现领导授权是安全行为的先决条件，应由领导制定并遵守安全规程和要求，加强安全参与。大量研究讨论了在高风险工作环境中进行有效安全沟通的重要性（Albert and Hallowell，2017；Alsamadani et al.，2013；Allison and Kaminsky，2017），不仅项目经理需要和员工进行安全互动（Zohar and Luria，2003；Bentley and Haslam，

2001；Kines et al.，2010），员工之间也要进行安全沟通（Albert and Hallowell，2017；Alsamadani et al.，2013）。这些有效的安全沟通和监督促进了相关安全信息的共享，促进了理想安全行为的转化，如高级危险识别（如识别跳闸危险、暴露在通电设备中的危险等）、安全合规性（如按照安全条例的要求使用个人防护设备）和安全参与（如自愿与主管讨论安全问题）等（Griffin and Neal，2000；Probst，2004；Cigularov et al.，2010）。

具体到海外企业的施工项目，"走出去"的中国施工企业高度重视施工安全和工程质量，为此会严格工程控制，落实安全生产责任制，高度重视安全氛围建设，以此弘扬工匠精神，打造精品工程和放心工程。同时，施工企业外派员工的受教育水平普遍高于行业平均水平，他们的知识水平和人生观、世界观、价值观均使其更遵循和理解安全规则，并且较多的工作技能和知识储备使他们能够缩小其与东道国员工之间的文化差异，将国内先进的技术移植、更新到施工项目中。外派员工作为项目经理，还会鼓励东道国员工一起解决问题和分享知识，从而增强项目组成员安全参与意愿和安全合规性，以形成良好的安全氛围。项目组成员普遍注重安全，相互监督和沟通，保障了安全行为，提高了安全绩效。基于以上分析，本章提出如下假设。

H1.1：在海外施工企业中，安全氛围对安全绩效具有显著的正向影响。

二 外派适应对安全氛围和安全绩效的调节效应

企业国际化的需要对人力资源提出了新的挑战，这是因为员工挑选、培训、沟通、参与和激励的传统做法必须重新制定并适应国际派遣背景（Caligiuri，2000）。除了履行职能所需的技能外，组织必须确定员工跨文化技能和对新社会环境的高度适应能力。否则，文化异质性会导致跨国公司内不同文化背景的员工在工作中存在不同的认知，进而导致跨文化管理冲突。即使是临时的短暂派遣，外派员工也会因个人或专业原因而感到跨文化不适，进而导致国际派遣任务的失败（Cesário et al.，2014）。因此，外派员工需要在跨文化知识、经验、技能、能力和价值观上做好多重国际化准备，适应当地文化，促进项目的顺利完成。根据前文论述，外派适应一般分为一般适应、互动适应和工作适应。

（一）外派适应与安全绩效

1. 施工企业员工的外派适应压力

外派员工的个人技能（专业、语言、交往、跨文化适应等）和家庭状况是甄选外派员工的重要条件。已有国内外研究普遍证实外派适应整体和外派绩效之间存在正相关关系，并认为外派不适应是外派任务绩效差的重要原因。相比其他企业，施工企业（项目）的生活工作条件相对艰苦，外派员工的情感诉求和跨文化适应压力可能更大。

（1）一般适应压力

为应对跨文化工作和生活转换的不确定性，外派员工及其家庭会感受到多重压力（刘燕、李锐，2018）。家庭问题（主要指配偶跨文化不适应）被证实是西方国家外派失败的首要原因，而中国企业一般鲜少携家带口进行外派工作，导致外派员工的家庭角色缺失（Gardner et al.，2021）。何蓓婷和安然（2019）对中国跨国企业外派员工进行了深度访谈，发现两地分居会给受访者带来一些压力。受访者忙着应对生活习惯、语言、价值体系等方面的跨文化冲突，无暇处理家庭关系（比如无法照顾家庭和孩子等）。在地理距离的催化作用下，外派员工的工作和家庭冲突凸显。

除了工作和家庭冲突外，施工企业的海外派遣员工会面临更严峻的生活习惯和语言冲突。施工企业派驻地条件一般较为艰苦，医疗水平可能较低，社会治安环境可能较差；英语可能只是当地工作语言之一，诸如超市、菜市场标签、公交站牌、医院等生活场景缺乏英语标识，给外派员工的生活带来极大困扰。外派员工需要应对新组织和生活环境中可能存在的大量角色冲突和文化障碍事件。这些跨文化环境对外派员工能否顺利开展工作产生了重要影响（丁言乔等，2022）。若外派员工能够很好地适应当地生活，则会提高工作处理效率（Ruderman et al.，2002），反之则产生较大的一般适应压力。

（2）互动适应压力

海外派遣意味着员工需要离开原本熟悉的工作环境、亲人和朋友，远赴他国去完成相应的工作任务。由于短期内亲情、友情无法得到满足，外派员工极易产生孤独感。由于语言、文化环境等方面的差异，个体难以通过有效的社交来弥补消耗掉的资源，容易导致情绪耗竭（周舜怡、苏中兴，2021）。社交压力是最严重的跨文化适应问题（何蓓婷、安然，2019）。虽然部分中国员工外派周期短，且受到传统文化影响而喜欢"抱团"，自身融入当地社会的需求并不高（王亮、牛雄鹰，2018），但无论是"不愿意"还是"无意识"，造成的结果都是他们很难走近或融入东道国的主流社会生活。

由于工程项目建设的需要，施工企业外派员工的生活更为封闭，更难以适应异国他乡文化环境的差异，缺乏归属感，迫使他们常处于社交孤立状态，产生较大的心理压力，进而对工作产生负面影响。如果外派员工能够融入当地生活，则他们可能更愿意将精力投入工作当中。但是何蓓婷和安然（2019）提出了不同的解释，他们认为中国的外派员工有很强的任务导向，派遣期结束即归国回任。如果跨国组织提供了全方位的支持，则外派员工可以安心"退缩"在舒适区，并不需要与东道国员工互动，这会缓解他们的社交压力。

（3）工作适应压力

外派工作通常具有高强度、高压力的特点，主要体现为角色转变引发的繁重任务、业绩考核严格等。由于外派员工具有强烈的任务导向，工作适应的强弱直接影响其工作绩效的高低（林肇宏等，2020）。在不同国家的文化背景下，东道国的工作价值观和任务期望必然会与外派员工原有的工作方式不同，从而对工作适应造成挑战。

对于施工企业而言，外派员工有具体的工作任务，即保障项目按期安全完工。这要求外派员工快速适应东道国安全生产的各项要求。施工安全重于泰山，施工流程需要遵循详细的安全生产要求，但是大多数施工作业场所的工人往往无法达到理想的沟通水平（Guldenmund，2000；Glendon and Litherland，2001）。比如，只有一名项目组成员或工头完成了必要的安全规划文件（如工作安全分析报告），而其他工人基本上没有受到安全限制（Grzywacz and Marks，2000），这会严重影响项目按期安全完工。文化、性别和语言能力差异被认为是有效安全沟通的重要障碍（Hahn and Murphy，2008；Kines et al.，2011）。当安全危害没有得到充分沟通时，发生危险暴露和伤害的可能性会增加（Grzywacz et al.，2002），可能对施工企业外派员工的工作适应造成压力。

2. 外派适应的影响

Kraimer 等（2001）提出，跨文化适应在异文化环境中能减轻工作压力和负担，从而提高外派员工的工作绩效。根据个体—环境匹配理论，较弱的跨文化适应能力会引发外派员工的工作压力，出现情绪波动、心理困扰和健康恶化等连锁反应（何蓓婷、安然，2019）；反之，当外派员工适应东道国环境和组织角色时，则可以加强与东道国员工的交流，减轻心理压力，专心工作。

已有研究表明，员工不安全行为通常由一种无意识的希望或愿望导致，与员工个体心理状态关系密切。程卫民等（2010）认为，矿工的安全行为受到安全生理、安全心理、工程心理、安全管理、生活重大事件、不同文化差异的影响；叶新凤等（2014）明确提出"安全氛围—心理资本—安全行为"的作用机理，强调管理者既要重视营造企业安全氛围，又要关注员工的心理资本问题。因此，处于低层次的跨文化敏感性阶段的中国外派员工势必会产生各种压力（比如工作压力和生活压力），并对安全绩效产生负面影响（田志龙等，2013）。Kanter（1977）指出工作和家庭存在溢出效应，两个领域均会产生消极或积极的影响。Hanson 等（2006）认为工作和家庭二者间会传递行为、技能和价值观，表现出溢出效应，生活对工作会产生负面效应。胡艳和许白龙

（2014b）证实了工作生活质量对员工安全绩效会产生负面影响。

综合前文论述，当施工企业外派员工不能适应新组织和生活环境中可能存在的大量角色冲突和文化障碍时，更容易诱发不稳定情绪以及可能的安全事故。基于以上分析，本章提出如下假设。

H1.2：外派适应对安全绩效具有显著的正向影响。

H1.2.1：一般适应对安全绩效具有显著的正向影响。

H1.2.2：互动适应对安全绩效具有显著的正向影响。

H1.2.3：工作适应对安全绩效具有显著的正向影响。

（二）安全氛围、外派适应与安全绩效

安全氛围通过领导承诺和态度、安全意识、安全制度和监督等影响员工安全绩效，预期在海外施工企业中，良好的安全氛围会对安全绩效产生同样的积极效果；同时，外派适应代表员工个体对新工作环境的适应能力，影响其工作效果。预期在同一安全氛围下，外派适应能力不同的海外派遣员工的安全行为表现不同。外派适应能力强的员工，心理压力较小，对海外作业的适应能力较强，更容易产生满足感，发生不安全行为的概率会降低。例如，互动适应能力强的员工，安全信息的交流更加有效，能显著降低员工和工作场所伤害率（Williams and Alliger，1994）。外派适应能力较弱的员工，可能会不适应东道国的日常生活，提前归国或离职倾向增强，由此导致海外作业的倦怠、工作投入度的降低，从而影响海外工作判断的正确性和及时性，最终发生不安全行为。基于以上分析，本章提出如下假设。

H1.3：外派适应能够调节安全氛围和安全绩效的关系。

综上所述，本节共提出三个假设：在海外施工企业中，安全氛围对安全绩效具有显著的正向影响（H1.1）；外派适应对安全绩效具有显著的正向影响（H1.2）；外派适应能够调节安全氛围和安全绩效的关系（H1.3）。本部分的理论研究模型如图3-1所示。

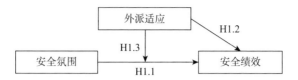

图 3-1　安全氛围、外派适应和安全绩效关系模型

第二节　外派适应、工作不安全感与安全绩效的研究假设

对于外派员工而言，跨文化接触不只带来了新奇，还产生了一种压力体验（陈慧等，2003）。根据本章第一节的推论，在"一带一路"快速发展、施工企业和员工不断走出国门的情境下，外派员工的外派适应能力极有可能对其安全行为产生影响。虽然目前有研究证实外派适应是影响员工达成其外派目标的关键因素，但几乎没有涉及安全行为领域。更为重要的是，大部分研究是从外派适应整体分析，较少细分外派适应形式，也很少分析外派适应的作用路径（王亮、牛雄鹰，2018）。因此，在细分外派适应形式的基础上，本节进一步探究外派适应与员工安全绩效的作用路径，以补充国内外的相关经验证据。

一　外派员工的工作不安全感

在激烈的国际化竞争、信息技术和管理方式的变革中，员工们普遍存在对其工作未来存续性的担忧。这种工作不安全感既是基于个体的主观体验，也是基于对客观情境的感知（Mohr，2000）。通常用员工对丧失工作以及雇佣关系质量的感知来度量，具体分为工作数量不安全感（Quantitative Insecurity）和工作质量不安全感（Qualitative Insecurity）两个维度（Hellgren et al.，1999）。胡三嫚（2008）在中国文化情境下，将工作不安全感分为工作丧失、工作执行、薪酬晋升、过度竞争、人际关系五个维度。其中，工作丧失等同于工作数量不安全感，工作执行、薪酬晋升、过度竞争、人际关系是对工作质量不安全感的细化。

虽然针对外派员工工作不安全感的研究较少，但归纳国内外已有研究问卷调查、访谈结果发现，外派员工主要担心以下问题。

（一）离职倾向/提前回国

外派员工面临着东道国文化冲突的客观情境，与东道国员工存在沟通和社交压力。当外派员工的外派适应能力较差时，外派员工就会因外派工作和家庭生活的冲突、社交孤独等产生"离职倾向"或者"提前回国"（何蓓婷、安然，2019）。Black 和 Gregersen（1999）发现，有10%～20%的外派员工因无法胜任工作、工作不满意或者无法适应异国环境而提前结束他们的外派工作。Cho 等（2013）发现韩国员工通常会按照上级的要求外派到东道国，也会服从命令提前回国。同时他们发现，即使有其他选择（如辞职或留在东道国重新找工作），具有儒家价值观的韩国员工也会回到母国。但是，针对其他国家的研究显示，有相当大比例的外派员工在任务结束甚至在任务结束之前会主动寻找新工作（Suutari and Brewster，2003）。

何蓓婷和安然（2019）发现在中国跨国企业中，部分外派管理者具有离职倾向，常会有"回不去就离职""不适应就离职"的想法。但是他们同时也会担忧提前回国影响自身在同事中的威信以及后续工作的开展（Wang et al.，2014），因而很多人并未采取实质的离职行为，尤其是常年外派的员工还是会选择留在国外，除非国内有合适的岗位。

（二）薪酬福利

Staines（1980）认为，个体可以通过追求其他领域的回报来弥补对当前领域的不满。外派员工虽然面临着较为严重的跨文化冲突，但是为了家人整体更好的生活，员工在主观上更愿意主动适应新环境的工作价值观和工作方式，主动寻找解决问题的方法，以期在未来获得更为丰厚的报酬来回馈家庭（周舜怡、苏中兴，2021）。Yan 和 Hall（2002）认为，现有外派员工多为新生代员工，为了更高的薪酬或者更多的发展机会选择出国。通常，从事与东道国员工相同工作任务的外派员工将通过各种外派福利和津贴获得更高的报酬（Morley et al.，2006），这部分薪资可以看作跨国企业提供给外派员工的预先设定福利，以解决其在东道国生活可能遇到的问题。

除此之外，跨国公司还会鼓励家属陪同外派，提供住房、餐补等福利。家庭支持尤其是配偶支持可以有效缓解外派员工对新环境的适应压力。外派员工可以更安定地生活，从而更专注地工作。

（三）回任安排

外派员工回国后，需要面临重新适应工作岗位和工作环境的难题，即回任适应问题（Black and Gregersen，1999）。Harvey（1998）的研究指出，外派员工重回母公司后，不仅要面临职业发展、经济及家庭等方面的压力，还要面临工作、环境等适应问题。外派员工需要应对重返文化的冲击。对回任工作不满意被认为是海外派遣员工离职率高的主要原因之一（Cho et al.，2013）。不少外派员工为了职业发展选择接受外派，但是实际上并不是所有外派回任人员都会升职，甚至有些外派回任人员的职位会低于外派之前的。

李桂芳和周博然（2016）认为，中国跨国公司缺乏对外派回任人员晋升的保障机制，甚至回任岗位都得不到保障。他们强调，跨国公司应该在选拔和派出阶段就对外派职业生涯设计达成一致意见，并对外派员工回任后的职业生涯路径或相应协调机制形成正式的组织承诺。对组织有更高承诺度的外派回任人员更能努力转移知识到母国，接受组织目标和价值观，并愿意留在组织内为组织努力奋斗（杨倩玲、白云涛，2017）。组织需要尊重和重视外派员工的回任意愿以及归国后的一系列发展，如此才能提高外派员工工作质量方面的安全感。

（四）职业发展

周舜怡和苏中兴（2021）强调外派员工有可能为了未来更好的职

业发展而主动选择放弃当下的即时满足和稳定的工作环境，主动选择外派，这与我国儒家文化中倡导的"欲速则不达，见小利则大事不成"的观点相一致。跨国企业也期望外派管理者能够通过国际派遣经历形成全球领导力，即能够"影响其所在的全球社区，形成朝着共同目标合力工作的思想、态度和行为"。针对中国跨国企业的访谈显示，外派员工工作能力提升、眼界开阔、心态包容，可以实现自我成长，成为经过海外锤炼的国际化人才（何蓓婷、安然，2019）。

然而，当组织支持不够或者外派管理不完善时，可能会使外派员工感觉到缺乏职业发展、工作条件恶化等，这些有价值的工作特征的损害会引发员工不稳定性知觉（邵芳，2014）。因此，周舜怡和苏中兴（2021）指出在外派结束后，应当在给予外派员工相对丰厚报酬的基础上，尽可能满足外派员工的职业发展诉求。

综合前面论述，本书沿用 Hellgren 等（1999）的研究思路，将工作不安全感指标分为工作丧失（离职倾向/提前回国）、薪酬福利、回任安排、工作能力（职业发展）四个维度。其中，薪酬福利、回任安排和工作能力（职业发展）是对工作质量不安全感的细化。

二 工作不安全感和安全绩效

目前，关于工作不安全感和安全绩效的理论解释主要集中在资源保存理论（Conservation of Resources Theory）和社会交换理论（Social Exchange Theory）。

（一）基于资源保存理论的解释

资源保存理论认为，员工会保护和获取资源，以应对潜在的损失。基于资源保存理论，稳定就业的可持续性被视为一种资源，这种资源不仅受到员工本身的重视，还被视为获得其他有利资源（如住房、收入、地位和声誉）的能力（Guo et al.，2019）。因此，当员工感到他们的工作受到威胁时，他们会表现出两种相悖的行为：第一，遵循投资优先原则，更加努力地工作以优先投资资源，实现竞争上岗；第二，遵循损失优先原则，失业或者担忧失业造成心理压力，员工的工作满意度降低，表现出情绪波动、心理困扰和健康恶化等连锁反应。

对于外派员工而言，他们不仅需要面对工作压力，还要面对跨文化适应压力和文化价值观的冲突，这会严重损耗个体的社会资源（Andresen et al.，2018）。外派员工需要建立新的社会联结，方能获取成功适应不同文化环境所需的各种信息（Bhatti et al.，2013）。在多重压力交织下，外派员工更容易产生负面情绪（何蓓婷、安然，2019）。具体到施工企业，外派员工需要投入大量的时间和精力来促进组织的安全活动，然而遵守安全政策是乏味的，参与安全活动也并不是强制的。这些活动不停消耗员工的资源。因此，如果外派员工感受到工作不安全感（比如产生离职念头，或者提前回国），预计需要资源消耗的安全行为将受到不利影响。

Masia 和 Pienaar（2011）证明了工作不安全感确实减少了员工遵守安全生产规则的行为，同时也增加了违反安全规则的个人行为。Guo 等（2019）发现在中国情境下，高铁司机的工作不安全感与安全绩效存在负相关关系。张璇等（2017）指出，当雇员感知到工作受到威胁而又无力应对时，出于避免失败和自我保护的目的，会减少冒险和尝试，员工主动保障组织安全的行为也会减少。

（二）基于社会交换理论的解释

根据社会交换理论，企业需要承担一定的义务，以换取员工的忠诚、承诺和贡献，即组织为员工提供的工具性和情感性支持有利于员工组织承诺和组织公民行为；反之，如果员工产生了工作不安全感，则意味着企业没有履行义务，违反了互惠的道德规范（Cuyper and Witte，2007）。面对工作不安全感造成的心理契约破裂，员工会降低对企业和工作的满意度，或者报复性地进行安全违规行为。Probst 等（2018）认为，工作不安全感违反了企业和员工之间的隐性心理契约和社会交换理论的互惠准则，因此，员工会下意识地将安全违规等行为定义为"对提供不理想就业条件的组织的合理报复形式"。他们进一步证实了在美国情境下，工作不安全感通过道德脱离对安全绩效产生间接影响。

依据社会交换理论，外派员工出于对组织的回报会更好地适应外派生活和工作，以及创造更高的绩效（李卉、汪群，2018）；但是当外派员工感到工作或者组织承诺缺乏保障时，员工在心理上会与组织产生距离，会重新审视自己在组织中的地位，并再次界定员工本身与组织之间的关系，最终损害员工对组织原有的认同与投入。Probst（2002）发现，受到裁员威胁的个人违反了比同行更多的安全政策。胡艳和许白龙（2014b）明确指出员工在薪酬福利、工作特性、组织氛围、社会影响等方面的压力影响了员工的安全行为。工作不安全感作为一种负向心理因素应得到管理者的重视（易涛、栗继祖，2021）。

（三）外派员工的工作不安全感与安全绩效

施工企业的外派员工容易滋生工作不安全感。他们多出于对未来的成就预期而选择出国，对外派工作寄予厚望。根据资源保存理论，当他们发现自己可能会丧失外派机会提前归国，或者海外经历不能获得预期的加薪福利和职业竞争能力时，即当他们丧失获得其他有利资源（如住房、收入、工作场所地位和声誉）的能力时，其工作不安全感增强，且不乐意付出更多的资源去遵守安全政策、参与安全活动。Quinlan（2005）回顾了欧洲、北美、南美、亚洲和非洲的90多项研究，发现工作不安全感对职业安全结果（如伤害率、安全知识）和安全合规性存在负面影响。在一项针对美国和意大利员工的跨国研究中，Probst 和 Brubaker（2001）发现工作不安全感预示着员工事故报告不足，不能准确报告工作中发生的事故和伤害。

同时，根据社会交换理论，外派员工的工作不安全感会造成心理契约破裂，使其在工作中具有较低的控制力，容易后悔自己的出国决定，丧失对组织的信任，产生倦怠心理和行为，不安全行为发生的概率提升，导致安全违规行为的发生。王松等（2016）证实了工作不安全感对安全绩效存在消极影响。反之，降低工作不安全感有利于提高矿工的组织承诺以及安全绩效（易涛、栗继祖，2021）。

综合以上分析，外派员工的工作不安全感和员工安全行为/绩效之间存在负相关关系。那些具有工作不安全感的外派员工会表现出辞职或归国意向、更多的消极工作态度和较低的工作满意度，最终危害安全绩效。为此，本章提出如下假设。

H2.1：外派员工的工作不安全感对安全绩效具有显著的负向影响。

H2.1.1：外派员工的工作丧失不安全感对安全绩效具有显著的负向影响。

H2.1.2：外派员工的薪酬福利不安全感对安全绩效具有显著的负向影响。

H2.1.3：外派员工的回任安排不安全感对安全绩效具有显著的负向影响。

H2.1.4：外派员工的工作能力不安全感对安全绩效具有显著的负向影响。

三 外派适应与工作不安全感

在资源保存理论和社会交换理论基础上，结合个体—环境匹配理论（Person-Environment Fit Theory）和交互理论（Interactional Theory）解释外派适应和工作不安全感之间的关系。

（一）基于资源保存理论的解释

根据资源保存理论的两种核心原则——投资优先原则和损失优先原则，外派员工在面对诸多挑战、转型和变化时，存在两种选择。

1. 为了获得新的资源，增加资源投资

显然，这种选择适合外派适应能力强的员工。根据个体—环境匹配理论，跨文化适应能力强的外派员工有能力、有动机去追加资源投资，通过坚持不懈地追求目标，保持旺盛的学习和工作状态来应对跨文化冲突，打造在东道国的社会关系，与新环境建立和维持相对稳定、互利、功能健全的关系。外派员工通过实现工作和环境的匹配，拥有较好的工作成绩，获取更充分的工作经验，赢得工作发展机会，获得职位上的升迁或者满意的回任安排等。以上这些有意义的工作和生活均增强了外派员工对未来就业能力的感知，降低了对外派工作的不安全感（Chiesa et al.，2018）。

2. 减少资源损失，产生工作不安全感的担忧

根据个体—环境匹配理论，当外派员工不能适应新环境时，他们会产生较大的工作压力。对于那些采取消极/保守态度的外派员工而言，他们更易表现出离职倾向，或者希望提前回国，也有可能会被意外调派到其他国家/地区。Eschbach 等（2001）指出，跨国企业的国外安置成本约为 50 万美元，这种提前结束工作会对跨国公司运营造成困难，也给外派员工造成较重的心理负担，他们会担忧原本的组织内部升迁预期、职业发展或职业技能规划，也会影响其与东道国员工的沟通、在同事中的声望。Feldman（2006）证实了短期的临时工作通常被认为能代表更强的工作不安全感和较低的工作生活质量。

可见，虽然资源保存理论存在两种核心原则和两种选择，但是外派适应对工作不安全感的影响是积极的。正如 Firth 等（2014）的观点，外派适应是需要时间的，工作压力是一直存在的。根据交互理论，压力的产生随着时间和面临的任务而发生变化。如果外派员工随着时间逐步适应跨文化冲突，则外派员工的压力减小，工作满意度逐步提高，工作不安全感降低。反之，如果外派员工长久不适应东道国压力，则容易产生焦虑和倦怠心理，工作焦虑反过来又会对外派员工的健康以及与工作相关的态度造成负面影响，工作不安全感会进一步增强（Cuyper et al.，2008；Sverke et al.，2002）。

（二）基于社会交换理论的解释

根据社会交换理论，虽然外派员工提前归国意味着组织违背了心理契约和互惠准则，但站在企业角度，也有可能是因为外派员工并未创造良好的工作绩效。Yan 和 Hall（2002）指出，虽然跨国工作可以为员工提供独特的成长和发展机会，但也要求外派员工有能力适应新的工作要

求、责任和期望，同时乐意学习新的文化规范，以服务于企业。换言之，员工需要具有学习技能、沟通技能。积极的组织和主管支持可以作为条件资源，缓冲工作不安全感的负面后果（Chiesa et al.，2018）。

Nickerson（1998）认为员工和组织之间存在认知偏差，员工可能认为组织和主管故意违反心理契约，也有可能认为是组织本身无法控制的外部环境对工作造成了潜在的威胁（Morrison and Robinson，1997；Turnley and Feldman，1999）。员工对工作不安全感的来源如何归因以及后续的行为选择可能取决于员工自身的高质量社会交流关系。Chiesa 等（2018）指出，具有高质量社会交流关系的个人可能倾向于寻找和解释组织和主管的相关信息，增强员工更好地应对工作不安全感威胁的能力，即高质量的领导者和成员交换关系减弱了工作不安全感和不道德行为之间的关系。

目前，施工企业的外派常驻中方人员多由不同专业背景、技术特长的知识型员工组成，负责监督项目实施和管理，以及与国内相应领导部门的交流沟通。基于以上两种解释，对于外派适应能力较强的员工，一方面，他们会基于投资优先原则，增加资源投资，获取更丰富的工作经验，降低对外派工作的不安全感；另一方面，他们对生活环境、工作任务和沟通需求的适应能力都较强，因而容易获得当地员工的支持以及国内组织的认可，拥有高质量的交流关系，也就更难在道德上原谅对工作不安全感反应的越轨行为（Chiesa et al.，2018）。基于以上分析，本章提出如下假设。

H2.2：外派适应对工作不安全感具有显著的负向影响。

H2.2.1：外派适应对工作丧失不安全感具有显著的负向影响。

H2.2.2：外派适应对薪酬福利不安全感具有显著的负向影响。

H2.2.3：外派适应对回任安排不安全感具有显著的负向影响。

H2.2.4：外派适应对工作能力不安全感具有显著的负向影响。

四　工作不安全感对外派适应和安全绩效的中介效应

综合以上分析和假设 H1.2、H2.2，跨文化不适应的外派员工可能会有高水平的工作不安全感，并由此导致安全绩效降低。

外派员工需要有效地适应新的工作要求、责任和期望，同时学习新的文化规范（田志龙等，2013）。如果外派员工无法适应，则意味着个体能力与工作要求不匹配，工作业绩较差，外派员工有可能会产生离职意向或者被要求提前归国。无论哪种选择均会影响员工自身在公司的声望、工作存续时间和职位升迁，外派员工可能将来不得不选择离职（王玉梅、何燕珍，2014；王松等，2016）。Mendenhall 和 Oddou（1985）的研究证实了外派员工的失败会导致自尊心低下、员工职业发展倒退甚至失业。反之，外派适应的员工，由于自身个性特征与工作环境相匹配，表现出较好的工作成绩。

具体到施工企业的安全领域，外派不适应的员工表现出损失优先原则，自我焦虑情绪更加明显，认为组织可能会随时违反心理契约和互惠准则，工作不安全感较强，员工将报复性地进行安全违规行为，安全绩效降低；反之，当外派员工的外派适应能力较强时，则会表现出投资优先原则，追加资源以便更好地适应东道国环境和外派工作，更认真地解读与组织和主管之间的关系，有效缓解自身的工作不安全感，安全绩效提高。基于以上分析，本章提出如下假设。

H2.3：外派员工的工作不安全感在外派适应和安全绩效之间起中介作用。

基于上述理论分析和研究假设，本节构建了外派适应、工作不安全感与安全绩效的理论模型，如图 3 - 2 所示。本部分共需验证四个假设：外派适应对安全绩效具有显著的正向影响（H1.2）；外派员工的工作不安全感对安全绩效具有显著的负向影响（H2.1）；外派适应对工作不安全感具有显著的负向影响（H2.2）；外派员工的工作不安全感在外派适应和安全绩效之间起中介作用（H2.3）。

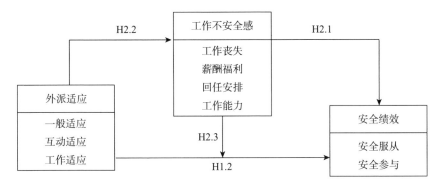

图 3-2　外派适应、工作不安全感和安全绩效关系模型

第三节　外派适应、心理授权与安全绩效的研究假设

心理授权作为一种内在激励，能够促进员工的生产率和组织承诺。目前工程项目多由不同专业背景、技术特长的知识型员工组成（孙春玲等，2014）。他们希望能够拥有更多的自我挑战机会和更大的决策权，感受到自身工作的意义，以满足自我发展的需求，也希望将外派经历当作自己职业发展的重要资本（王亮、牛雄鹰，2018）。大量研究表明，外派适应对员工的外派绩效具有显著的预测作用，但较少有研究考虑心理授权的内在动力对外派适应的影响。考虑到积极心理学和心理授权对知识型员工的积极效应已经得到普遍认同，有必要考虑心理授权对外派适应与安全绩效关系的影响，以补充国内外的相关经验证据。

一　心理授权与安全绩效

一般来说，外派员工需要进行两个方面的适应调整过程：跨文化调整和心理调整。跨文化调整指个人对新文化环境的熟悉度和认为其舒适的程度（Black and Stephens，1989）；心理调整指个人在新文化环境中的主观幸福感或满足感（Ward and Kennedy，1996）。前者对应的是外派适应，后者可以用心理授权来解释。根据前文可知，心理授权一般分为工作意义、胜任力（或自我效能）、自主性和影响力四个维度。

（一）基于自我决定理论的解释

根据自我决定理论，个体的内在动机取决于三个因素：能力、情绪和内在需求的满足（Deci and Ryan，2000）。根据这一理论，唯恐失业是一个对能力、情绪和内在需求不满意的情景（Elst et al.，2012）。满足基本的内在需求可以改变人们评估自己当前心理状态的方式，将有压力的情况转变成挑战而不是威胁（Blascovich et al.，2003）。同时，满足基本内在需求的人不易产生焦虑（Baard et al.，2004），欢迎组织干预和组织支持，这将进一步提高员工的弹性，减小自我压力和组织压力。Inoue 等（2016）发现，在那些对工作缺乏安全感的人中，最突出的心理特征是不乐观和缺乏控制感、自信心低下和消极的自我评价。

自我决定理论注重在个体个性发展和行为自我管理中逐渐形成的内在资源（Ryan and Frederick，1997），即强调个体的自我动能在动机形成过程中所起的作用，并且认为个体能够将外部活动整合和内化。心理授权是一种内在和积极的动机取向（Kang et al.，2017）。已有研究表明，具有高心理授权的员工认为自身工作有价值且有能力完成时，能够获得乐趣，对组织的认同感和投入度提高，并且自主性及影响力能够满足员工的成就感和荣誉感（雷巧玲等，2006），这样有利于自身产生最佳的动机、更大的心理能量（Anja et al.，2008），促进自我心理健康和心理成长的各种表现（Vansteenkiste and Ryan，2013）。换言之，具有高心理授权的员工认为自己具有完成挑战性任务和实现预期目标的能力，拥有对选择的感知和对自己行为、行动的主动性，能更好地满足自我心理需求。因而，在工作环境中，他们来自工作的威胁感和无力感会降低。这两个因素恰恰是工作不安全感的关键决定因素（Inoue et al.，2016）。

（二）基于社会交换理论的解释

Eisenberger 等（1986）指出，组织支持感知对工作成果的积极影响依赖社会交换理论。员工如果体会到组织的关注，并获得有意义、有影响力和自我决定的机会，则会以更积极的态度、情感、工作质量来回报组织。国内外研究证实，较高程度的心理授权能够引发员工更高水平的情感承诺（Avolio et al.，2004；徐细雄、淦未宇，2011）和更多的组织公民行为（Dennis and Shaffer，2005；杨春江等，2015），提升员工幸福感（郑晓明、刘鑫，2016）。反之，那些不喜欢组织变革和就业市场变化趋势的员工，或者认为组织决策不公平的员工，对工作不安全的认知更加强烈（Inoue et al.，2016）。

对于海外派遣员工，由于常驻中方人员多由不同专业背景、技术特长的知识型员工组成，他们对工作具有较高的成就期望，希望领导公平公正，并具有精神关怀。单纯强调组织规则的合理性已经不能满足新生代员工的心理需求（李燕萍、徐嘉，2013）。他们更适用积极和鼓励的管理方式，看重外派经历对自己职业发展的重要影响，希望对工作有更大的话语权，追求自我价值的实现。高程度心理授权下的组织会使员工获得更多的信任和支持，激发对内部人的身份认知，形成情感归属和更高的组织认同水平。雷巧玲等（2006）细分了心理授权的各维度，发现当知识型员工认为自身工作有价值且有能力完成时，能够获得乐趣，对组织的认同感和投入度提高；自主性及影响力能够满足员工的成就感和荣誉感，与对组织的继续承诺正相关。王顺江等（2012）证实了工作意义、自我效能和自主性对员工任务绩效的显著正向影响。基于以上分析，本章提出如下假设。

H3.1：外派员工的心理授权对安全绩效具有显著的正向影响。

H3.1.1：外派员工的工作意义对安全绩效具有显著的正向影响。

H3.1.2：外派员工的胜任力对安全绩效具有显著的正向影响。

H3.1.3：外派员工的自主性对安全绩效具有显著的正向影响。

H3.1.4：外派员工的影响力对安全绩效具有显著的正向影响。

二 心理授权对外派适应和安全绩效的调节效应

（一）调节效应

外派不适应可能会引发员工的工作压力。冯冬冬等（2008）指出，当个体具有积极的自我信念时，就不会产生严重的心理压力，且在面临心理压力时，也能缓解压力所造成的消极影响。Firth 等（2014）认为，心理授权反映了个体在多大程度上感觉有能力很好地完成工作任务、自由选择他们如何在工作中执行任务、认为他们的工作有意义、相信他们的工作对组织有更广泛的影响（Spreitzer and Quinn，1999；Thomas and Velthouse，1990）。这四种心理授权认知与工作设计和任务有关，推动外派员工进行适应。依据员工特质的差异化心理授权能够提升员工的工作满意度。根据自我决定理论和社会交换理论，在面对跨文化冲突时，高心理授权的员工和组织之间更容易形成关系型契约，能够释放自我效能以提高工作绩效，员工的工作满意度较高（Pelit et al.，2011）。Lee 等（2019）发现领导授权是安全行为的先决条件。领导授权员工参与决策，并鼓励他们一起解决问题、分享知识，能够提高员工的安全参与意愿和安全合规性。授权型领导会创造良好的安全氛围，促进安全行为。Seibert 等（2011）认为，心理授权的综合维度可以更好地解释与工作相关的表现和态度。因此，心理授权可能触发激励控制策略，使外派员工能够有效地应对工作挑战（Firth et al.，2014）。

基于以上逻辑，心理授权调节了外派适应和安全绩效之间的关系。具体而言，根据自我决定理论和社会交换理论，具有高心理授权的外派员工会认为与东道国的员工、顾客、政府和合作商的跨文化沟通挑战是一件有意义的工作，更容易采取积极的方式，激发自我效能感，学习跨文化知识、经验、技能、能力，接受跨文化价值观的不同，更会与组织形成关系型契约，对外派工作有更强的控制感，工作不安全感降低，安全绩效提高。反之，低心理授权的外派员工会对跨文化冲突和适应更加敏感，当遇到跨文化障碍时，并不会认为自己有能力完成工作，会担忧能否适应跨文化以及完成外派工作是否重要，这种来自工作的威胁感和无力感大大冲击着心理感知，诱发不安全行为，安全绩效减低。基于以上分析，本章提出如下假设。

H3.2：外派员工的心理授权能够调节外派适应和安全绩效的关系。

H3.2.1：外派员工的心理授权能够调节一般适应和安全绩效的关系。

H3.2.2：外派员工的心理授权能够调节互动适应和安全绩效的关系。

H3.2.3：外派员工的心理授权能够调节工作适应和安全绩效的关系。

综上所述，结合前述假设 H1.2，本部分共需验证三个假设：外派适应对安全绩效具有显著的正向影响（H1.2）；外派员工的心理授权对安全绩效具有显著的正向影响（H3.1）；外派员工的心理授权能够调节外派适应和安全绩效的关系（H3.2）。本部分的理论研究模型如图 3 - 3 所示。

图 3 - 3　外派适应、心理授权和安全绩效关系模型

（二）被调节的中介

如前所述，外派适应可以细分为一般适应、互动适应和工作适应。Kraimer 等（2001）认为三个维度之间存在相关关系。具体而言，工作适应对工作绩效和情境绩效有较大影响，而一般适应和互动适应对外派员工的情境绩效影响较大，对工作绩效没有影响。互动适应对外派员工的总体适应有着重要影响，直接影响他们对新工作场所的适应。综上可以认为，外派适应的不同维度之间存在相互联系，并可能产生复合效应。为此，本部分进一步讨论一般适应、互动适应和工作适应之间的相互关系。

Kraimer 等（2001）的研究表明，母国提供的组织支持影响跨文化适应中的不同要素。母国提供的组织支持主要影响工作适应和总体适应。相比之下，东道国提供的组织支持对互动适应和一般适应有影响。

Firth 等（2014）主要研究了工作适应，认为激励状态和压力认知会随着时间的推移影响外派员工的适应模式，进而影响其工作态度。几乎所有的研究都认为工作适应与工作绩效直接相关，而一般适应和互动适应可能与工作绩效并不存在显著的直接关系。例如，Takeuchi（2010）以外派到中国的西方员工为样本，发现工作适应对工作绩效存在正向影响，但是一般适应与工作绩效无关。周燕华（2012）针对中国跨国公司的外派员工样本发现，只有工作适应对外派绩效具有直接的显著正向影响，而一般适应和互动适应对工作适应具有显著正向影响。不少学者也证实，工作适应是影响外派绩效的重要因素，一般适应和互动适应是工作适应的前因变量（Kraimer et al.，2001；Sokro and Moeti-Lysson，2018）。

相较于其他行业，施工企业（项目）的生活工作条件相对艰苦，外派员工需要重新熟悉和适应东道国的工作任务以及安全标准，熟悉各种规章制度和安排。而且工程项目为团队合作项目，需要依赖东道国数量众多的一线员工来完成项目。可见在施工企业中，工作适应是提高安全绩效最主要的因素。如果外派员工能够与东道国成员相处融洽，主动相互提醒和纠正错误操作，那么将有助于工作生活压力和负担的减轻以及安全绩效的提高。更进一步，与东道国居民的互动沟通和社交，有利于深入理解和尊重跨文化环境中的安全秩序；对当地居住条件和生活的一般适应也会逐步缓解紧张情绪和工作压力，减少安全事故的发生。Shay 和 Baack（2006）证实了外派员工与东道国下属员工的互动适应（包括工作和非工作）有助于接触当地文化，促进一般适应，而一般适应能够减少工作中的文化冲突，提高工作适应，最终工作适应与任务绩效和情境绩效均显著正相关。基于以上分析，本章提出如下假设。

H3.3：一般适应和互动适应是工作适应的前因变量。

H3.3.1：一般适应是工作适应的前因变量，即工作适应是一般适应和安全绩效的中介变量。

H3.3.2：互动适应是工作适应的前因变量，即工作适应是互动适应和安全绩效的中介变量。

假设 H3.2.3 提出心理授权不同的个体对工作适应的敏感程度不同，假设 H3.3.1 和 H3.3.2 分别提出了工作适应在一般适应和互动适应与安全绩效之间起到了中介作用。因此，心理授权会强化工作适应对安全绩效的影响（调节第二阶段）。另外，虽然跨文化动机和心理授权调节了外派适应整体及各变量与安全绩效的关系，但一般适应和互动适应极有可能是通过工作适应来影响安全绩效，且心理授权与工作绩效（安全绩效）的变化更加显著。因此，心理授权可能并不会影响一般适应和互动适应与工作适应之间的关系（不调节第一阶段的影响）。换言之，施工企业外派员工由于面临新组织和生活环境的适应压力，以及与东道国员工的文化差异问题，对东道国新工作任务方面（包括职责、绩效标准等）存在溢出效应，不能很好地致力于工作，安全绩效可能会降低，并且这种外派挑战压力会持续地影响工作适应。然而，当员工感知到心理授权的变化，且能够将外派目标内化并意识到自身的影响力时，会激发其自主效能和组织承诺，提升其内在完成任务的动机，对外派适应的输出——工作适应和安全绩效二者关系产生积极效应。根据这些假设，我们可以进一步推论，员工的心理授权水平越高，一般适应和互动适应通过工作适应对员工安全绩效产生的间接影响就越大。基于以上分析，本章提出如下假设。

H3.4：心理授权正向调节了外派适应子因子和安全绩效之间的中介关系。

H3.4.1：心理授权正向调节了一般适应—工作适应—安全绩效之间的中介关系。

H3.4.2：心理授权正向调节了互动适应—工作适应—安全绩效之间的中介关系。

将一般适应/互动适应、工作适应、安全绩效及心理授权假设结合起来，结合前述假设 H1.2.3、H3.1 和 H3.2.3，本部分共需要验证五个假设：一般适应和互动适应是工作适应的前因变量（H3.3）；工作适应对安全绩效具有显著的正向影响（H1.2.3）；外派员工的心理授权对安全绩效具有显著的正向影响（H3.1）；外派员工的心理授权能够调节工作适应和安全绩效的关系（H3.2.3）；心理授权正向调节了外派适应子因子和安全绩效之间的中介关系（H3.4）。本部分的理论研究模型具体如图3-4所示。

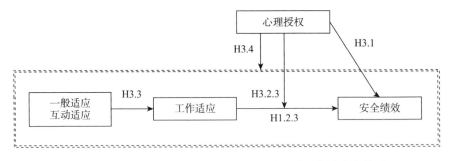

图3-4　外派适应、心理授权和安全绩效的被调节的中介模型

第四节　外派管理实践、外派适应与安全绩效的研究假设

Bhatti 等（2012）总结认为，海外派遣员工的外派适应（一般适应、互动适应和工作适应）不只受到个人因素（以往国际经验、文化敏感性和社会网络）的影响，还应该考虑与组织支持因素（直接和间接）之间的关系。员工感受到组织对自身的关怀、重视及利益承诺，有助于心理幸福感的提升（Eisenberger et al.，1986）。因此，本节讨论了跨国企业应该如何提供恰当的外派管理实践活动来满足外派员工对组织支持的需求，提高跨文化适应能力，进而提高安全绩效。

一　外派管理实践与外派适应

（一）外派管理实践的内容

外派管理实践是指企业关于跨国外派员工的一系列管理事务或管理

措施，旨在培养外派员工的组织支持感，以影响其跨文化适应能力（Aycan，1997）。何蓓婷和安然（2019）认为，拥有组织支持是外派员工不同于留学生、移民等其他跨文化群体的显著特征，也是他们应对跨文化适应压力的社会支持资源。跨国公司提供的外派管理实践主要包括以下不同形式。

1. 福利支持

被派遣到海外工作对于员工而言是一个压力事件，因为它涉及社会和职业生活的实质性改变。为了降低适应难度，Kraimer 等（2001）提出跨国企业除了提供社会支持、主管和同事支持外，还应该提供后勤和一般支持（如住房、医疗设施或法律法规）以及员工福利等。Erbacher等（2006）将组织支持定义为"组织（包括母公司和海外子公司）向外派员工提供援助的程度"。外派援助包括财政援助、家庭支持（为孩子安排学校、住房）和一般援助（指导和咨询）。Avril 和 Magnini（2007）强调开放的沟通渠道、适当的绩效措施和财务激励对培养外派员工的组织支持意识是重要的。他们强调，由于薪酬体系（或"一揽子"福利）是向外派员工展示组织支持的重要组成内容，所以，灵活设计薪酬体系以满足外派员工各自的偏好至关重要。国内学者张洪烈和潘雪冬（2011）认为跨国企业应在外派期间和归国后提供有效的支持和指导，以保证外派员工跨文化管理的有效性，具体包括职业发展规划、工资福利待遇和后勤支持、跨文化培训等。何蓓婷和安然（2019）发现中国跨国公司会不断改善生活和办公环境，以保障员工基本的工作和生活，具体包括选择环境较好的地区租/建公司办公区和员工生活区、完善相应的基础设施、不断建设和优化海外代表处的行政平台等。虽然组织试图在薪酬福利方面尽量提供援助，但是 Frazee（1998）的调查表明，只有65%的外派员工对他们的福利补偿和医疗服务感到满意。

2. 工作支持

工作支持是组织支持的一部分。Aycan（1997）建议，考虑到外派员工的双重就业关系，需要区分组织支持的来源，分为母公司支持和海外子公司支持两个渠道。母公司不只需要在派遣之前向员工提供福利和服务，更需要在派驻期间，保持与外派员工和驻外公司的沟通，以缓解外派员工的焦虑。Andreason（2003）将组织支持分为直接支持和间接支持，跨国公司应以福利计划的形式提供直接支持，以鼓励形式提供间接支持。何蓓婷和安然（2019）发现被访的中国跨国公司会在外派员工海外工作的前 3～6 个月配备导师，通过传帮带、网络学习等方式快速提升员工工作能力，从而有助于工作顺利开展、减轻员工压力。

3. 社会支持

社会关系为外派员工提供了社会支持，能够帮助员工处理外派过程中遭遇的压力和焦虑情绪，并最终帮助他们提升外派绩效。Toh 和 Denisi（2005）指出组织的信息支持有助于外派员工了解东道国文化，合作支持有助于工作适应，情感支持有助于互动适应。Andresen 等（2018）强调同事支持能指导外派员工更好地在东道国工作和生活。为此，中国跨国公司会开展活动促使外派员工与东道国员工建立良好的社会互动，比如组织团建、参与东道国的节日活动等。但是，考虑到不少外派员工主动选择成为东道国的边缘化群体，因此继续探索跨国组织在促进外派员工融入东道国子公司过程中所采取的社会化策略非常有必要（何蓓婷、安然，2019）。

4. 回任安排

外派回任人员的职位特征（特别是职位权力和职位职责）会影响转移知识的能力。回任职位的权力越大、海外任务与回国后工作职责相似度越高，知识转移的可能性越大（杨倩玲、白云涛，2017）。因此，跨国组织管理者应科学合理地规划回任人员的工作职位，设计回任方案，使回任适应问题得到缓解，帮助回任人员尽快适应，以便回任人员将更多的精力投入新的工作中。同时，王娟茹和杨瑾（2019）提出，母公司应组织一些企业文化学习、娱乐团建等活动，增加回任人员和同事之间的交流机会，促进回任人员尽快融入母公司。

（二）外派管理实践与外派适应

外派工作的成功不仅取决于外派员工的能力和技能，还取决于派遣前和派遣期间的组织支持和协助（包括母公司和东道国子公司的），为此，本部分结合组织支持理论和交互理论分析了外派管理实践与外派适应的逻辑关系。

1. 基于组织支持理论的解释

当外派员工自身跨文化适应能力不足以应对相应的工作时，会产生较大的工作压力，出现情绪波动、心理困扰和健康恶化等连锁反应（何蓓婷、安然，2019）。组织支持理论认为员工感受到组织对自身的关怀、重视及利益承诺，有助于心理幸福感的提升（Eisenberger et al.，1986）。员工感受的组织支持包括组织支持感知和主管支持感知两个层面。主管支持感知是员工对主管重视其贡献和福利程度的全面评估（Kottke and Sharafinski，1988）。Stamper 和 Johlke（2003）证实了组织支持发挥了明显的缓冲效应，可以缓和疲劳、焦虑等压力反应，提高员工满意度和留任率。

具体到跨国公司的外派研究中，Zeynep（1997）认为跨国公司的国际结构、价值取向、组织生命周期、多元化培训、战略规划和社会化等是外派员工适应的组织预测因素。Suutari 和 Brewster（2001）针对芬兰籍外派员工的研究表明，后勤支持、一般支持、东道国住房和医疗保健方面的支持等将对外派员工的适应产生积极影响。Guzzo 等（1994）发现，来自同事的社会支持和来自母公司的后勤支持在促进外派员工适应方面发挥了重要作用。Dowling（1999）指出跨国公司以补偿和福利的形式向外派员工提供有形支持，但这种支持不足以适应国外生活。因为外派员工的适应过程涉及一系列的情感和心理安慰。在这方面，Kraimer 等（2001）建议组织应为外派员工提供语言培训以及与东道国员工交流的机会。组织支持不仅影响外派员工的互动适应和一般适应，还能对外派员工的工作绩效产生积极影响。此外，外派员工回任离职是另一个现实问题。王玉梅和何燕珍（2014）基于前人的研究，将外派管理实践分为福利支持、回任安排、工作促进和社会支持四个方面，发现福利支持和回任安排对跨文化适应有积极效应，工作促进对工作效应有显著的正向影响。由此可见，组织提供的兼具工具性和情感性的混合型支持资源是缓解跨文化适应压力的有力武器（何蓓婷、安然，2019）。

2. 基于交互理论的解释

基于交互理论，个体和环境的关系以及个体与环境的匹配程度都不是固定不变的。组织需要提供对压力管理的相应指导（Ganster et al.，1982）。结合组织支持理论，组织支持作为外部资源可帮助外派员工减轻适应压力（Paul and Bikos，2015）。当组织持续不断地提供各种支持时，个体所感受到的组织环境在不断改变，比如更舒适的外派工作环境、更友好的当地社区、更便利的行政平台等。这些组织支持在潜移默化中优化了个体心理适应压力的过程，并帮助他们完善压力应对策略，提高了外派员工的工作适应、互动适应和一般适应。不仅如此，叶晓倩等（2017）证实了外派员工的回任适应和对其管理是降低回任人员离职率、进行知识和资源整合的重要手段。

综合组织支持理论和交互理论，当跨国企业向外派员工持续提供一系列的组织支持和管理措施（即外派管理实践）时，能够帮助这些身处陌生环境的外派员工建立新的社会网络，成功适应不同文化环境；外派员工不间断地感受到来自组织的关怀和重视，减轻了员工的跨文化适应压力。基于以上分析，本章提出如下假设。

H4.1：外派管理实践对外派适应具有显著的正向影响。

H4.1.1：外派管理实践对一般适应具有显著的正向影响。

H4.1.2：外派管理实践对互动适应具有显著的正向影响。

H4.1.3：外派管理实践对工作适应具有显著的正向影响。

二 外派管理实践与安全绩效

（一）基于社会交换理论的解释

根据社会交换理论，组织目标的完成依赖雇主慷慨地对待员工。当员工感知的组织支持大时，就会表现出较高的情感承诺和较多的组织公民行为。授权、培训、晋升、薪酬、角色等人力资源管理手段都必将影响员工对组织是否支持自己的归因，进而形成员工感知的组织支持。组织支持感知反映了员工对组织重视其贡献以及整体福利程度的关心。常见的外派管理实践包括回任发展、福利支持、工作促进和社会支持。已有研究证实，这些组织支持活动均能够给外派员工带来更积极的感受、更高的工作满意度和组织承诺、更好的员工任务绩效（Riggle et al.，2009），反之则会降低情感承诺、增强离职意愿（Ng and Sorensen，2008）。

①回任发展。对回任工作不满意被认为是国际派遣员工离职率高的主要原因之一（Cho et al.，2013）。李桂芳和周博然（2016）指出，目前跨国公司普遍缺乏回任过程中的跨文化培训，忽视回任期的逆文化冲击现象，使得员工感觉组织对其缺乏关心。低于外派薪金的状况、缺乏晋升的保障机制使得外派回任人员的心理契约逐渐丧失，认为自己并不被组织信任和认可，最终可能会导致回任人员辞职。②福利支持。在派遣前和派遣期间，母公司和海外子公司通常会提供一系列的后勤支持、一般支持、东道国住房和医疗保健方面的支持等（Suutari and Brewster，2000）。根据 Frazee（1998）的研究，只有65%的外派员工对他们的福利补偿和医疗服务感到满意。③工作促进。根据 Aycan（1997）、何蓓婷和安然（2019）的研究，母公司在员工派驻期间提供工作方面的帮助（导师制、网络学习、培训等）能够缓解外派员工的焦虑。④社会支持。跨文化培训和语言培训是常见的组织支持形式，能够帮助外派员工缓解在东道国环境中面临文化困境和冲突的压力，保持情绪稳定，并对外派员工绩效产生积极影响（Caligiuri et al.，2001；Sousa et al.，2017）。

根据社会交换理论的观点可知，高质量的外派管理实践意味着员工和组织间的互相忠诚和承诺。外派员工会乐意贡献其努力和忠诚度以回报组织，完善员工心理契约。尚闯红和李平（2010）认为员工的心理契约是安全文化构建的基础与落地的关键环节，会对员工参与和遵守安全行为的意愿与能力产生积极影响。因此，对于施工企业的外派员工，当他们能够与母子公司主管保持及时畅快的沟通，且满意公司提供的一系列文化生活指导和财务支持时，会认为组织重视海外工作、生活和安全，其安全绩效提升、安全行为增加；反之，心理契约破裂的员工可能会报复性地进行安全违规行为（Probst et al.，2018）。

（二）基于代理理论的解释

跨国企业的外派员工通过接触国际市场，学习和掌握了国际企业经营的知识，是公司的重要人力资本。结合代理理论，合理的薪酬激励和约束机制能够提高内部治理效率，推动外派员工将丰富的国际化经验和专业知识转移到子公司的发展和建设中，最小化海外子公司与母公司之间的委托代理成本。另外，为了取得东道国制度文化环境的认可，中国企业的海外子公司会不断提高组织合法性（黄中伟、游锡火，2010），这有利于母公司国际化战略的实施和落地。

具体到施工企业，基于代理成本的降低，外派员工更有动力将国内先进的施工技术和安全制度引入国外施工现场，并积极实施监督，提高工作绩效；另外，不断提高的组织合法性，也会督促施工企业根据东道国的制度要求继续完善组织监督和安全制度。治理环境的改善使安全绩效得到进一步提高。

综合以上分析，跨国公司给外派员工提供的一系列组织支持使得员工与组织之间建立了安全心理契约，同时内外部代理成本的降低也使得公司的安全绩效进一步提升。为此，本章提出如下假设。

H4.2：外派管理实践对安全绩效具有显著的正向影响。

H4.2.1：回任发展对安全绩效具有显著的正向影响。

H4.2.2：福利支持对安全绩效具有显著的正向影响。

H4.2.3：工作促进对安全绩效具有显著的正向影响。

H4.2.4：社会支持对安全绩效具有显著的正向影响。

三 外派适应对外派管理实践与安全绩效的中介效应

根据组织支持理论和交互理论，外派管理实践对跨文化适应和压力缓冲有显著的积极作用。跨国企业通过向外派员工持续提供物质支持和精神鼓励，缓解了外派员工的焦虑情绪和跨文化适应的各种冲突，对员工心理、社会适应程度、文化适应程度产生积极影响，促使外派员工的跨文化适应能力提高。

结合本章第一节的论述，可以推论存在"外派管理实践—外派适应—安全绩效"的作用路径。外派管理实践可以提高跨文化适应能力，跨文化适应能力强的外派员工能够给予组织更高的情感承诺和信任，提高工作满意度，有利于员工心理契约的建立和感知，提高安全绩效。基于以上分析，本章提出如下假设。

H4.3：外派适应在外派管理实践和安全绩效之间起中介作用。

H4.3.1：一般适应在外派管理实践和安全绩效之间起中介作用。

H4.3.2：互动适应在外派管理实践和安全绩效之间起中介作用。

H4.3.3：工作适应在外派管理实践和安全绩效之间起中介作用。

基于上述理论分析和研究假设，结合前述假设 H1.2，本部分构建外派管理实践、外派适应与安全绩效的理论模型，如图 3-5 所示，共需验证四个假设：外派适应对安全绩效具有显著的正向影响（H1.2）；外派管理实践对安全绩效具有显著的正向影响（H4.2）；外派管理实践对外派适应具有显著的正向影响（H4.1）；外派适应在外派管理实践和安全绩效之间起中介作用（H4.3）。

第五节　本章小结

综上所述，本章按照外派员工的外派适应、心理授权和组织支持的逻辑提出五部分假设，归纳如下。

一是外派适应对安全氛围和安全绩效具有调节效应，共需验证三个

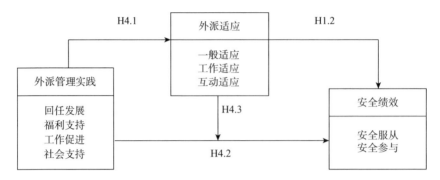

图 3 - 5 外派管理实践、外派适应和安全绩效关系模型

假设：在海外施工企业中，安全氛围对安全绩效具有显著的正向影响（H1.1）；外派适应对安全绩效具有显著的正向影响（H1.2）；外派适应能够调节安全氛围和安全绩效的关系（H1.3）。

二是工作不安全感对外派适应与安全绩效具有中介效应，共需验证四个假设：外派适应对安全绩效具有显著的正向影响（H1.2）；外派员工的工作不安全感对安全绩效具有显著的负向影响（H2.1）；外派适应对工作不安全感具有显著的负向影响（H2.2）；外派员工的工作不安全感在外派适应和安全绩效之间起中介作用（H2.3）。

三是心理授权对外派适应和安全绩效具有调节效应，需验证三个假设：外派适应对安全绩效具有显著的正向影响（H1.2）；外派员工的心理授权对安全绩效具有显著的正向影响（H3.1）；外派员工的心理授权能够调节外派适应和安全绩效的关系（H3.2）。

四是被调节的中介模型。本部分共需验证五个假设：一般适应和互动适应是工作适应的前因变量（H3.3）；工作适应对安全绩效具有显著的正向影响（H1.2.3）；外派员工的心理授权对安全绩效具有显著的正向影响（H3.1）；外派员工的心理授权能够调节工作适应和安全绩效的关系（H3.2.3）；心理授权正向调节了外派适应子因子和安全绩效之间的中介关系（H3.4）。

五是外派适应对外派管理实践与安全绩效具有中介效应。本部分共需验证四个假设：外派适应对安全绩效具有显著的正向影响（H1.2）；

外派管理实践对安全绩效具有显著的正向影响（H4.2）；外派管理实践对外派适应具有显著的正向影响（H4.1）；外派适应在外派管理实践和安全绩效之间起中介作用（H4.3）。

　　综合之前所有假设，构建本书主要变量的理论模型，如图 3 - 6 所示。

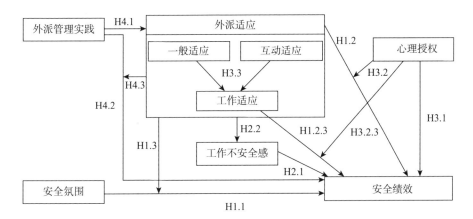

图 3 - 6　所有假设关系模型

| 第四章 |

施工企业外派员工安全绩效的研究设计

　　本章基于前一章的研究假设和关系模型，对研究中主要变量——安全氛围、外派适应、工作不安全感、安全绩效、心理授权和外派管理实践进行初步量表设计和量表预测试，确定各变量的最终量表，并对研究样本进行描述，为下一章的实证检验奠定基础。

第一节　量表设计

　　本节参考的量表均为成熟量表，具有较高的信度和效度；在此基础上，结合海外员工的实际调研情况以及专家意见，设计出初始量表。问卷考量了被调查者的基本特征，包括性别、年龄、婚姻状况、受教育程度、已外派时间、收入等题项。除基本特征外，所有题项均采用李克特五级量表，按照"非常不同意、不同意、不确定、同意、非常同意"依次给予 1～5 分的评分。

一　初始量表

　　本书主要变量为安全氛围、外派适应、工作不安全感、安全绩效、心理授权和外派管理实践，各变量的初始量表如下。

（一）安全氛围

Zohar（1980）首先提出了安全氛围的概念，随后有关安全氛围的研究越来越多，不同学者对安全氛围的理解也不尽相同，研究一致认为安全是一种心理现象，它与企业的工作环境和安全状况密切相关，是个人和组织对企业在一定时期内安全状况的感知。不同行业安全氛围的研究存在差异。根据前文文献综述，施工安全氛围下的研究重点是领导承诺和态度、安全意识、安全规章制度和安全监督，可以根据各国情况进行调整（Zahoor et al.，2017）。因此，考虑到外派员工涉及母公司（Organization）、海外子公司（Group）和海外员工（Individual）等多个层次，本部分参考了吴建金等（2013）、胡艳和许白龙（2014a）对建筑施工企业的安全氛围量表，设计了领导承诺、安全环境、安全监督和安全意识4个维度共26个题项。其代表性题目为"公司高管介绍公司时会首先谈到安全及其理念""项目有明确的安全奖励措施"，具体如表4-1所示。

表4-1　安全氛围初始量表

因子	题项
因子1 领导承诺	1. 公司高管介绍公司时会首先谈到安全及其理念
	2. 公司高管在制订年度计划时会考虑对安全生产的保障
	3. 公司高管坚持定期开展安全检查（如亲临项目部进行检查）
	4. 公司高管在资金紧张时不会削减重大安全隐患的资金投入
	5. 公司高管会重复要求项目经理努力提升项目部的安全绩效
	6. 公司高管会向全体人员通报公司事故发生情况及调查结果
	7. 项目经理在项目资金不充足时不会消减安全资金的投入
	8. 项目经理在进度紧张时不会放松对员工安全的要求
	9. 项目经理对员工安全培训会投入充足的资金和时间
	10. 项目经理坚持定期开展安全检查（如亲临现场进行检查）
	11. 项目经理给员工提供尽可能多的安全教育和培训
	12. 项目经理给予项目安全管理人员足够权力来管理现场安全
	13. 项目会定期召开有关安全管理工作的会议
	14. 项目会有足够的资源以保证作业环境的安全

续表

因子	题项
因子2 安全环境	15. 我可以随时拿到安全规范上注明的需要使用的工具
	16. 我在施工现场要安全施工才能得到同组同事的认同
	17. 我与组长（主管）会经常讨论安全问题
因子3 安全监督	18. 项目安全检查会帮助同事改善作业安全环境
	19. 项目有明确的安全奖励措施
	20. 项目安全监管人员配置齐全
	21. 我的组长会关心同事的安全与健康
因子4 安全意识	22. 每次作业前，都能做机械设备、工具常规检查
	23. 每次作业时，都能按规定使用个人防护用品
	24. 每次作业时，都能遵守操作规程
	25. 每次进入施工现场时，都能注意安全设施
	26. 每次接触危险源作业时，都能采取保护措施

（二）外派适应

目前，衡量外派员工外派适应能力的常用量表是 Black 和 Stephens（1989）的量表，外派适应一般分为一般适应、互动适应和工作适应。一般适应代表对外来文化生活的整体适应，包括住房条件、医疗保健和生活成本等因素。互动适应包括在工作和非工作环境中与东道国进行互动所获得的舒适感。工作适应包括适应新的工作任务、工作角色和新的工作环境。这三个方面的有效性之前已经得到确认，也最常被用于随后的外派适应研究中（Bhaskar-Shrinivas et al.，2005）。虽然部分学者认为外派适应是一个整体的概念，可以只选择单一维度测量或者选择两个维度测量（Takeuchi et al.，2005），但是本书需要细致讨论各维度之间的关系，故沿用 Black 和 Stephens（1989）的三因子设计。其代表性题目为"在海外派遣期间，购物是否便利""在海外派遣期间，是否了解并承担具体的工作责任"，具体如表4-2所示。

表 4 - 2 外派适应初始量表

因子	题项
因子 1 一般适应	1. 在海外派遣期间，是否适应当地的生活
	2. 在海外派遣期间，是否满意居住条件
	3. 在海外派遣期间，是否适应当地的饮食习惯
	4. 在海外派遣期间，购物是否便利
	5. 在海外派遣期间，能否接受生活成本
	6. 在海外派遣期间，是否有机会参加娱乐活动
	7. 在海外派遣期间，医疗是否便利
因子 2 互动适应	8. 在海外派遣期间，是否与当地居民有社交行为
	9. 在海外派遣期间，是否与当地居民有日常的互动活动
	10. 在海外派遣期间，是否与公司以外的当地居民有互动活动
	11. 在海外派遣期间，是否与当地居民交谈
因子 3 工作适应	12. 在海外派遣期间，是否了解并承担具体的工作责任
	13. 在海外派遣期间，是否了解工作标准，并满足相应的期望
	14. 在海外派遣期间，是否了解并承担监督责任

（三）工作不安全感

以往研究较少关注外派员工的工作不安全感测量，因此本部分在借鉴已有研究的基础上，结合中国跨国企业外派员工的实际情况设计相关量表。具体步骤如下。

1. 文献回顾

Greenhalgh 和 Rosenblatt（1984）将工作不安全感定义为个体在受到威胁的情况下，对保持工作连续性的无力感。现有文献的量表和维度包括工作丧失、人力资本、工作条件、工作执行、薪酬晋升、过度竞争、人际关系等，后续本节将围绕相关题项展开并整理。

2. 调研访谈

访谈以面谈和 QQ 访谈的形式进行，访谈了 5 名外派员工，发现外派员工主要担心的三个问题：被动回国（即不按预期回国）、外派期间的薪资和能力锻炼、回国之后的安排。

3. 参考相关研究和量表

将 Hellgren 等（1999）开发的工作不安全感量表（7 个题项）和胡三嫚（2008）开发的基于中国情境的工作不安全感量表（25 个题项）进行整合，请外派员工结合实际情况对上述整合量表进行评价，对不容易理解的表述进行调整，请学者和管理人员对量表的科学性和适合性进行评定，删除重复或者语义相近的题项，汇总后得到由 19 个题项组成的初始量表，分为工作丧失、薪酬福利、回任安排和工作能力四个维度，如表 4 - 3 所示。

表 4 - 3　工作不安全感初始量表

因子	题项
因子 1 工作丧失	1. 我担心在我不愿意的情况下离开目前的工作，被公司要求提前回国
	2. 在未来的一年内，我将不得不面临失去外派机会、提前回国的风险
	3. 对于不久后回国，我感到不安
	4. 我担忧公司提供的外派工作不长久
	5. 我担心自己难以长期保住目前这份外派工作
	6. 我害怕丢了现在的外派工作，难以再有机会外派
因子 2 薪酬福利	7. 我担心外派期间，我的薪酬水平未来是否还能提升
	8. 我没有获得与我的外派职务工作对等的待遇令我担忧
	9. 我担心外派期间，我的薪酬是否一直保持现在的水平
因子 3 回任安排	10. 我认为外派结束后，我在公司里的未来职业发展机会是令人满意的
	11. 我感到外派结束后，公司会提供给我更好的工作岗位
	12. 我相信外派结束后，公司未来依然需要我的能力
	13. 我对我在这个公司的待遇前景看好
因子 4 工作能力	14. 我担心持续外派影响自己在单位的晋升空间
	15. 我担心继续待在现在的外派职位不能提升能力
	16. 现在的外派工作只是简单重复的工作令我担忧
	17. 我的外派工作在单位中缺乏重要影响令我担忧
	18. 我担心需要不断提升自己的知识和能力才能应付现在的外派工作
	19. 我担心外派单位难以提供必要的工作资源（人、物、信息等）

（四）安全绩效

最初，安全绩效直接用安全结果来衡量，如年度事故、受伤人数等（Zohar，2000），但有学者认为，仅使用一维结构测量安全性能可能不准确（Clarke，2006）。

Borman 和 Motowidlo（1993）将员工的工作绩效分为任务绩效和情境绩效。Griffin 和 Neal（2000）采用了同样的二维结构，将工作场所的安全绩效分为任务绩效（安全服从）（Task-related or In-role Safety Performance）和情境绩效（安全参与）（Contextual or Extra-role Safety Performance）。其中，任务绩效反映了安全合规性，强调遵循既定的组织安全程序和适当的安全协议（如上锁挂牌程序、佩戴耳塞和/或安全帽）；情境绩效反映了与安全相关的组织公民行为（如自愿帮助同事处理与安全相关的问题、在工作中进行安全改进等），该指标被广泛地运用在后续的研究中。结合 Griffin 和 Neal（2000）的研究，阮国祥（2017）提出 2 个因子（安全服从和安全参与）8 个题项的量表（见表 4 - 4）。其代表性题目为"我会按照要求穿戴必要的防护用品""我会主动纠正同事的错误操作"。

表 4 - 4　安全绩效初始量表

因子	题项
因子 1 安全服从	1. 我会按照要求穿戴必要的防护用品
	2. 我在工作中遵守安全规则和标准工作程序
	3. 我在工作中会积极配合管理人员的指挥
因子 2 安全参与	4. 即使无人监督，我也会安全工作
	5. 我会提出改善安全施工的建议
	6. 我会参加改善安全施工的活动
	7. 我会主动纠正同事的错误操作
	8. 我会主动向同事示范正确的操作

（五）心理授权

心理授权主要有四维度和三维度两种划分方法。Thomas 和 Velthouse（1990）认为心理授权包括工作意义、胜任力（或自我效能）、自主性和影响力四个维度。Menon（2002）基于综合性心理方法，提出心理授权包含三个基本成分，即控制感（Perceived Control）、胜任感（Perceived Competence）和目标内化（Goal Internalization）。其中，控制感相当于影响力或自主性；胜任感与胜任力类似；目标内化则反映了员工对组织目标的承诺程度（凌俐、陆昌勤，2007）。因此，四维度和三维度的划分本质上是相同的。

Spreitzer（1995）在前人研究的基础上开发了由 12 个题项组成的四维度心理授权量表，这是目前最具代表性、应用最广泛的心理授权四维度量表。陈永霞等（2006）认为其适用于中国情境。可以预期该量表在一定程度上适用于国内外情境，因此可以作为本研究的初始量表，具体如表 4 - 5 所示。其代表性题目为"我的工作对我来说非常重要""我对自己完成工作的能力非常有信心"。

表 4 - 5　心理授权初始量表

因子	题项
因子 1 工作意义	1. 我的工作对我来说非常重要
	2. 工作上所做的事情对我个人来说非常有意义
	3. 我所做的工作对我来说非常有意义
因子 2 胜任力	4. 我对自己完成工作的能力非常有信心
	5. 我自信自己有干好工作的各项能力
	6. 我掌握了完成工作所需要的各项技能
因子 3 自主性	7. 在决定如何完成工作上，我有很大的自主权
	8. 我自己可以决定如何着手我的工作
	9. 在如何完成工作上，我有很大的机会行使独立性和自主性
因子 4 影响力	10. 我对发生在本部门的事情有很大的影响力和作用
	11. 我对发生在本部门的事情起着很大的控制作用
	12. 我对发生在本部门的事情有重大的影响

（六）外派管理实践

外派管理实践代表了组织支持提供的具体管理活动。Erbacher 等

（2006）将组织支持定义为"组织（包括母公司和本地公司）向外派员工提供援助的程度"，包括财政援助、家庭支持（为孩子安排学校、住房）和一般援助（指导和咨询）。Kraimer 等（2001）讨论了对外派员工不同形式的组织支持，包括社会支持、主管和同事支持、后勤和一般支持（如住房、医疗设施或法律法规）、入境支持（如签证或工作许可证）以及员工福利等。由此可见，外派管理实践（组织支持）涵盖了工作支持、社会支持和薪酬福利等方方面面。此外，外派员工回任离职是一个现实问题。叶晓倩等（2017）强调外派员工的回任适应和对其管理是降低回任人员离职率、进行知识和资源整合的重要手段。因此，基于前人的研究，王玉梅和何燕珍（2014）将外派管理实践分为福利支持、回任安排、工作促进和社会支持四个方面共 24 个题项的量表。这种划分符合研究逻辑，因而将其作为初始量表，其代表性题目为"公司在外派前对外派员工回任后的安排给予合理的承诺""公司为外派员工提供良好的住宿"，具体如表 4-6 所示。

表 4-6　外派管理实践初始量表

因子	题项
因子 1 回任发展	1. 公司能够履行对外派员工回任后的工作安排承诺
	2. 公司优先照顾回任外派员工对工作岗位的选择
	3. 公司在外派前对外派员工回任后的安排给予合理的承诺
	4. 外派员工回国后一般都可以得到升职
	5. 公司外派员工在满足外派年限后可以按其意愿回国
因子 2 福利支持	6. 公司解决外派员工的交通出行问题
	7. 公司保障外派员工的人身安全
	8. 公司为外派员工提供良好的住宿
	9. 公司能保证外派员工的通信方便
	10. 公司能帮助外派员工解决医疗问题
	11. 公司能为外派员工及时足额地缴纳各项保险
	12. 公司通常会批准紧急事假
	13. 公司安排了合理的探亲假期
	14. 公司为外派员工提供了合理的报酬

续表

因子	题项
因子3 工作促进	15. 公司为外派员工提供了合理的绩效考核标准
	16. 公司为外派员工制定了明确的工作职责
	17. 公司给予外派员工足够的权力
	18. 公司为外派员工制定了明确的外派目标
	19. 公司给外派员工发放详细的外派员工管理手册或相关材料
	20. 公司建立对外派员工的专家支持系统，提供专业而权威的帮助
因子4 社会支持	21. 公司定期组织外派员工聚会，在内部沟通交流文化隔阂等问题
	22. 公司提供长期的语言培训
	23. 公司帮助外派员工融入当地生活
	24. 公司提供所派驻国家的风俗文化培训

二 预测试问卷发放

预测试问卷发放的主要目的是对问卷进行分析。首先，采用主成分分析法抽取因子，结合碎石图和特征值大于 1 的原则，经过多次探索得出因子结构。其次，考察因子负载系数（低于 0.4 的题项删除）以及题项间是否存在双重负荷现象，从而确定题项的质量高低。综合因子分析（详见附录 1）和题项分析的结果，删除了 11 个不合适的题项，最终安全氛围保留 21 个题项（删除 5 个），外派适应保留 14 个题项，工作不安全感保留 16 个题项（删除 3 个），安全绩效保留 8 个题项，心理授权保留 12 个题项，外派管理实践保留 21 个题项（删除 3 个）。在此基础上，编制正式调查问卷（见附录 2）。

预测试问卷的调查对象为某航务工程局有限公司的海外派遣员工（以下简称员工），包括施工人员、工程技术人员以及安全管理人员。外派地区涉及孟加拉国、巴拿马、沙特阿拉伯、肯尼亚、柬埔寨等国家。由于调查对象的特殊性，采用电子邮件方式共发放电子问卷 160 份，回收 150 份，剔除无效问卷 43 份，最终回收有效问卷 107 份，有效问卷率为 71.3%。

在合格样本中，男性 99 人，占比 92.5%，女性 8 人，占比 7.5%。从年龄来看，26 ~ 35 岁比重最高，占比 56.2%，25 岁及以下占25.5%，36 ~ 45 岁占 14.6%，46 岁及以上占 3.6%。从工作年限来看，3 ~ 5 年比重最高，占比 49.6%；其次为 6 ~ 10 年，占比 24.8%。从工作性质来看，53.3% 为工程技术人员，35.0% 为基层管理人员，8.0%为中层管理人员，3.6% 为其他。

第二节　样本数据与信效度检验

一　正式样本施测

（一）调查对象

本书样本调查对象为某航务工程局有限公司的海外派遣员工（以下简称员工），包括施工人员、工程技术人员以及安全管理人员。该企业承担了"一带一路"中的多项建设任务，外派地点遍布各大洲，并在日常运营中非常关注员工行为，希望通过各项措施来满足外派员工的需求，提高海外组织的安全绩效。考虑到外派员工分散在亚洲、非洲和美洲等 10 多个国家的基建工程，每次调研前，由企业人力资源部门在每个地区随机选择 1 ~ 2 个相对具有代表性的施工项目组，然后在典型项目内部由生产安全部门管理人员确定填表人并组织填写。由于调查对象的特殊性，采用电子邮件方式发放问卷。

（二）调查过程

整个调研过程共进行了两次问卷调研。第一次调研时，发放调查问卷 345 份，请外派员工根据自己的外派适应能力、安全氛围、安全绩效进行评价，收回有效问卷 287 份，有效回收率为 83.2%。在合格样本中，男性 263 人，占 91.6%，女性 24 人，占 8.4%。从年龄来看，26 ~ 35 岁比重最高，占 56.1%，25 岁及以下占 25.1%，36 ~ 45 岁占15.3%，46 岁及以上占 3.5%。从工作年限来看，3 ~ 5 年比重最高，占

50.2%，其次为 6 ~ 10 年，占 26.5%。从工作性质来看，52.6% 为工程技术人员，34.5% 为基层管理人员，9.1% 为中层管理人员。样本涉及的外派地区为孟加拉国、柬埔寨、沙特阿拉伯、巴拿马、智利、肯尼亚等。

3 个月后进行第二次调研，此次调研共发放两批次问卷。首先，对参加第一次调研的外派员工（共 287 人）再次发放调查问卷，对心理授权、工作不安全感、外派管理实践、外派适应能力、安全绩效做出评价，共收回有效问卷 238 份，有效回收率为 82.9%。其次，考虑到工作不安全感和外派管理实践量表的可靠性，扩大样本对象范围，以便同时进行探索性和验证性因子分析。此次发放调查问卷 300 份，收回有效问卷 244 份，有效回收率为 81.3%。两次合计收回有效问卷 482 份。在后续工作不安全感和外派管理实践相关分析中，把 482 个样本数据随机地均分成两部分。第一部分 241 个样本数据用于各概念的探索性因子分析，第二部分 241 个样本数据用于各概念的验证性因子分析，总体 482 个样本数据用于研究假设模型的验证。

在最终样本中，男性 442 人，占 91.7%；35 岁及以下的人员占比为 81.3%；56% 为已婚人士；专科及以上文化水平人员占比为 95.4%，高于以往施工企业人员的学历水平，主要原因是常驻中方人员多为工程技术人员（52.9%）和项目管理人员（34.2%），学历要求较高；从工作年限来看，主要集中在 3 ~ 5 年（50.6%）。样本涉及的外派地区为亚洲（孟加拉国、印度尼西亚、沙特阿拉伯、阿联酋）、非洲（科特迪瓦、阿尔及利亚、安哥拉）和美洲（智利、厄瓜多尔、巴拿马、哥斯达黎加、巴哈马、牙买加）。

二　信度和效度检验

（一）第一次调研数据

首次调研主要关注外派员工的外派适应能力，以及他们对安全氛围、安全绩效的评价，收回有效问卷 287 份。

1. 安全氛围

首先对安全氛围问卷中的 21 个题项进行探索性因子分析，选取 KMO 和 Bartlett 球度检验判断采样充足度及是否适宜进行因子分析。结果显示，KMO 值为 0.794，表明采样充足度较高，变量间的偏相关很小；Bartlett 球度检验值为 3978.472，$p < 0.000$，说明数据适合进行因子分析。提取因子的方法为主成分分析法，转轴的方法是最大方差法，并选择特征根大于等于 1 作为保留因子的标准，具体结果如表 4 - 7 所示。由表 4 - 7 探索性因子分析的结果可见，总共可以抽取四个因子，但是安全环境和安全监督的题项比较均匀地分散两个因子中。删除存在多重负荷的题项（5、6、7、10、11）后再次进行因子分析。第二次探索性因子分析的结果表明，四因子结构比较清晰（见表 4 - 8）。每一个题项的因子负载系数都在 0.4 以上，总体方差的解释率也达到 68.189%。

根据各题项的内容重新将这四个因子分别命名为"高管监督"（题项 1~4）、"领导承诺"（题项 5~9）、"安全环境"（题项 10~12）和"安全意识"（题项 13~16）。

表 4 - 7　安全氛围第一次探索性因子分析结果　（$N = 287$）

题项	因子 1	因子 2	因子 3	因子 4
1. 公司高管介绍公司时会首先谈到安全及其理念		0.822		
2. 公司高管在制订年度计划时会考虑对安全生产的保障		0.832		
3. 公司高管坚持定期开展安全检查（如亲临项目部进行检查）		0.657		
4. 公司高管在资金紧张时不会削减重大安全隐患的资金投入		0.488		
5. 公司高管会重复要求项目经理努力提升项目部的安全绩效		0.485		
6. 公司高管会向全体人员通报公司事故发生情况及调查结果		0.440		
7. 项目经理在项目资金不充足时不会消减安全资金的投入	0.683			
8. 项目经理在进度紧张时不会放松对员工安全的要求	0.789			
9. 项目经理对员工安全培训会投入充足的资金和时间	0.852			
10. 项目经理坚持定期开展安全检查（如亲临现场进行检查）	0.664			
11. 项目经理给员工提供尽可能多的安全教育和培训	0.850			
12. 项目经理给予项目安全管理人员足够权力来管理现场安全	0.773			

续表

题项	因子1	因子2	因子3	因子4
13. 项目会定期召开有关安全管理工作的会议	0.733			
14. 项目会有足够的资源以保证作业环境的安全	0.798			
15. 我可以随时拿到安全规范上注明的需要使用的工具				0.570
16. 我在施工现场要安全施工才能得到同组同事的认同			0.567	
17. 我与组长（主管）会经常讨论安全问题				0.816
18. 项目安全检查会帮助同事改善作业安全环境			0.594	
19. 项目有明确的安全奖励措施			0.791	
20. 项目安全监管人员配置齐全				0.815
21. 我的组长会关心同事的安全与健康			0.739	
方差贡献率（%）	26.318	12.870	12.170	11.453
累计方差贡献率（%）	26.318	39.188	51.358	62.811

表 4 – 8　安全氛围第二次探索性因子分析结果（$N=287$）

题项	因子1	因子2	因子3	因子4
1. 公司高管介绍公司时会首先谈到安全及其理念	0.852			
2. 公司高管在制订年度计划时会考虑对安全生产的保障	0.843			
3. 公司高管坚持定期开展安全检查（如亲临项目部进行检查）	0.682			
4. 公司高管在资金紧张时不会削减重大安全隐患的资金投入	0.499			
5. 项目经理在进度紧张时不会放松对员工安全的要求		0.803		
6. 项目经理对员工安全培训会投入充足的资金和时间		0.872		
7. 项目经理给予项目安全管理人员足够权力来管理现场安全		0.862		
8. 项目会定期召开有关安全管理工作的会议		0.789		
9. 项目会有足够的资源以保证作业环境的安全		0.808		
10. 我可以随时拿到安全规范上注明的需要使用的工具			0.611	
11. 我在施工现场要安全施工才能得到同组同事的认同			0.894	
12. 我与组长（主管）会经常讨论安全问题			0.897	
13. 项目安全检查会帮助同事改善作业安全环境				0.641
14. 项目有明确的安全奖励措施				0.758
15. 项目安全监管人员配置齐全				0.659
16. 我的组长会关心同事的安全与健康				0.832
方差贡献率（%）	23.628	15.274	15.154	14.132
累计方差贡献率（%）	23.628	38.902	54.057	68.189

2. 外派适应

首先对外派适应问卷中的 14 个题项进行探索性因子分析，结果显示 KMO 值为 0.826，Bartlett 球度检验值为 2149.818，p < 0.000，说明数据适合做主成分分析，采用最大方差法进行旋转，并选择特征根大于等于 1 作为保留因子的标准，具体结果如表 4 - 9 所示。由表 4 - 9 探索性因子分析的结果可知，总共可以抽取三个因子，但是一般适应的题项分散在两个因子中。删除存在多重负荷的题项（1、5、12）后再次进行因子分析。第二次探索性因子分析的结果表明三因子结构比较清晰（见表 4 - 10）。每一个题项的因子负载系数都在 0.5 以上，总体方差的解释率也达到 68.782%。

根据各题项的内容重新将这三个因子分别命名为 "一般适应"（题项 1 ~ 5）、"互动适应"（题项 6 ~ 8）和 "工作适应"（题项 9 ~ 11）。

表 4 - 9　外派适应第一次探索性因子分析结果（$N = 287$）

题项	因子 1	因子 2	因子 3
1. 在海外派遣期间，是否适应当地的生活		0.611	
2. 在海外派遣期间，是否满意居住条件		0.569	
3. 在海外派遣期间，是否适应当地的饮食习惯		0.600	
4. 在海外派遣期间，购物是否便利			0.739
5. 在海外派遣期间，能否接受生活成本		0.745	
6. 在海外派遣期间，是否有机会参加娱乐活动			0.810
7. 在海外派遣期间，医疗是否便利			0.736
8. 在海外派遣期间，是否与当地居民有社交行为	0.797		
9. 在海外派遣期间，是否与当地居民有日常的互动活动	0.702		
10. 在海外派遣期间，是否与公司以外的当地居民有互动活动	0.807		
11. 在海外派遣期间，是否与当地居民交谈		0.749	
12. 在海外派遣期间，是否了解并承担具体的工作责任		0.580	
13. 在海外派遣期间，是否了解工作标准，并满足相应的期望	0.518		
14. 在海外派遣期间，是否了解并承担监督责任	0.687		
方差贡献率（%）	22.622	21.813	19.670
累计方差贡献率（%）	22.622	44.435	64.105

表 4 – 10   外派适应第二次探索性因子分析结果 （N = 287）

题项	因子 1	因子 2	因子 3
1. 在海外派遣期间，是否满意居住条件		0.546	
2. 在海外派遣期间，是否适应当地的饮食习惯		0.593	
3. 在海外派遣期间，购物是否便利		0.768	
4. 在海外派遣期间，是否有机会参加娱乐活动		0.764	
5. 在海外派遣期间，医疗是否便利		0.751	
6. 在海外派遣期间，是否与当地居民有社交行为	0.798		
7. 在海外派遣期间，是否与当地居民有日常的互动活动	0.742		
8. 在海外派遣期间，是否与公司以外的当地居民有互动活动	0.825		
9. 在海外派遣期间，是否与当地居民交谈			0.887
10. 在海外派遣期间，是否了解工作标准，并满足相应的期望			0.508
11. 在海外派遣期间，是否了解并承担监督责任			0.713
方差贡献率（%）	26.139	24.997	17.646
累计方差贡献率（%）	26.139	51.136	68.782

3. 安全绩效

对安全绩效问卷中的 8 个题项进行探索性因子分析，结果显示 KMO 值为 0.866，Bartlett 球度检验值为 1761.305，$p < 0.000$，说明数据适合做主成分分析，采用最大方差法进行旋转，并选择特征根大于等于 1 作为保留因子的标准，具体结果如表 4 – 11 所示。每一个题项的因子负载系数都在 0.5 以上，总体方差的解释率达到 76.545%。根据各题项的内容可将这两个因子分别命名为 "安全参与" （题项 1 ~ 5） 和 "安全服从"（题项 6 ~ 8）。

表 4 – 11   安全绩效探索性因子分析结果 （N = 287）

题项	因子 1	因子 2
1. 即使无人监督，我也会安全工作	0.776	
2. 我会提出改善安全施工的建议	0.884	
3. 我会参加改善安全施工的活动	0.785	
4. 我会主动纠正同事的错误操作	0.736	

续表

题项	因子 1	因子 2
5. 我会主动向同事示范正确的操作	0.577	
6. 我会按照要求穿戴必要的防护用品		0.815
7. 我在工作中遵守安全规则和标准工作程序		0.935
8. 我在工作中会积极配合管理人员的指挥		0.818
方差贡献率（%）	39.694	36.852
累计方差贡献率（%）	39.694	76.545

4. 问卷的信度检验

由表 4-12 可知，安全氛围问卷内部一致性 Cronbach's α系数为 0.826，它的四个子因子（领导承诺、安全意识、安全环境和高管监督）的 Cronbach's α系数分别为 0.727、0.896、0.857 和 0.777，都高于心理测量学的要求 0.7，这说明该测量工具的内部一致性信度符合要求。此外，外派适应问卷内部一致性 Cronbach's α系数为 0.901，安全绩效问卷内部一致性 Cronbach's α系数为 0.967，各自子因子的 Cronbach's α系数均高于 0.7，说明内部一致性信度符合要求。

表 4-12　安全氛围、外派适应和安全绩效量表内部一致性系数

量表	因子	Cronbach's α	
安全氛围	领导承诺	0.727	0.826
	安全意识	0.896	
	安全环境	0.857	
	高管监督	0.777	
外派适应	一般适应	0.804	0.901
	互动适应	0.735	
	工作适应	0.794	
安全绩效	安全服从	0.935	0.967
	安全参与	0.936	

（二）第二次调研数据

第二次调研重点关注外派员工的心理授权、工作不安全感、外派适

应、外派管理实践和安全绩效，合计收回有效问卷 482 份。将总体样本随机均分成两部分，对其中一半数据进行各概念的探索性因子分析，另一半数据进行验证性因子分析。下文列出了探索性因子分析结果，验证性因子分析结果在第五章进行列示。

1. 心理授权

对心理授权问卷中的 12 个题项进行探索性因子分析，结果显示 KMO 值为 0.747，Bartlett 球度检验值为 2539.405，$p < 0.000$，说明数据适合做主成分分析，采用最大方差法进行旋转，并选择特征根大于等于 1 作为保留因子的标准，具体结果如表 4 – 13 所示。每一个题项的因子负载系数都在 0.7 以上，总体方差的解释率达到 86.285%。根据各题项的内容可将这四个因子分别命名为"工作意义"（题项 1 ~ 3）、"胜任力"（题项 4 ~ 6）、"自主性"（题项 7 ~ 9）和"影响力"（题项 10 ~ 12）。

表 4 – 13　心理授权探索性因子分析结果（$N = 241$）

题项	因子 1	因子 2	因子 3	因子 4
1. 我的工作对我来说非常重要	0.913			
2. 工作上所做的事情对我个人来说非常有意义	0.956			
3. 我所做的工作对我来说非常有意义	0.940			
4. 我对自己完成工作的能力非常有信心				0.886
5. 我自信自己有干好工作的各项能力				0.785
6. 我掌握了完成工作所需要的各项技能				0.801
7. 在决定如何完成工作上，我有很大的自主权			0.904	
8. 我自己可以决定如何着手我的工作			0.804	
9. 在如何完成工作上，我有很大的机会行使独立性和自主性			0.895	
10. 我对发生在本部门的事情有很大的影响力和作用		0.924		
11. 我对发生在本部门的事情起着很大的控制作用		0.962		
12. 我对发生在本部门的事情有重大的影响		0.915		
方差贡献率（%）	22.793	22.665	21.997	18.831
累计方差贡献率（%）	22.793	45.457	67.454	86.285

2. 工作不安全感

对工作不安全感问卷中的 16 个题项进行探索性因子分析，结果显示 KMO 值为 0.838，Bartlett 球度检验值为 3001.605，p < 0.000，说明数据适合做主成分分析，采用最大方差法进行旋转，并选择特征根大于等于 1 作为保留因子的标准，具体结果如表 4 – 14 所示。每一个题项的因子负载系数都在 0.5 以上，总体方差的解释率达到 68.045%。

根据各题项的内容可将这四个因子分别命名为"工作丧失"（题项 1～6）、"薪酬福利"（题项 7～9）、"回任安排"（题项 10～13）和"工作能力"（题项 14～16）。

表 4 – 14　工作不安全感探索性因子分析结果（N = 241）

题项	因子 1	因子 2	因子 3	因子 4
1. 我担心在我不愿意的情况下离开目前的工作，被公司要求提前回国	0.787			
2. 在未来的一年内，我将不得不面临失去外派机会、提前回国的风险	0.781			
3. 对于不久后回国，我感到不安	0.836			
4. 我担忧公司提供的外派工作不长久	0.842			
5. 我担心自己难以长期保住目前这份外派工作	0.860			
6. 我害怕丢了现在的外派工作，难以再有机会外派	0.782			
7. 我担心外派期间，我的薪酬水平未来是否还能提升				0.710
8. 我没有获得与我的外派职务工作对等的待遇令我担忧				0.816
9. 我担心外派期间，我的薪酬是否一直保持现在的水平				0.776
10. 我认为外派结束后，我在公司里的未来职业发展机会是令人满意的		0.740		
11. 我感到外派结束后，公司会提供给我更好的工作岗位		0.653		
12. 我相信外派结束后，公司未来依然需要我的能力		0.548		
13. 我对我在这个公司的待遇前景看好		0.733		
14. 我担心继续待在现在的外派职位不能提升能力			0.710	
15. 现在的外派工作只是简单重复的工作令我担忧			0.828	
16. 我担心需要不断提升自己的知识和能力才能应付现在的外派工作			0.829	
方差贡献率（%）	24.014	15.797	14.316	13.917
累计方差贡献率（%）	24.014	39.812	54.128	68.045

3. 外派适应

对外派适应问卷中的 14 个题项进行探索性因子分析，结果显示 KMO 值为 0.862，Bartlett 球度检验值为 1944.884，p < 0.000，说明数据适合做主成分分析，采用最大方差法进行旋转，并选择特征根大于等于 1 作为保留因子的标准，具体结果如表 4 - 15 所示，总共抽取三个因子。每一个题项的因子负载系数都在 0.5 以上，总体方差的解释率也达到 65.956%。

根据各题项的内容可将这三个因子分别命名为"一般适应"（题项 1 ~ 7）、"互动适应"（题项 8 ~ 11）和"工作适应"（题项 12 ~ 14）。该分类与第一次调研结果相同。

表 4 - 15　外派适应探索性因子分析结果（N = 241）

题项	因子 1	因子 2	因子 3
1. 在海外派遣期间，是否适应当地的生活	0.687		
2. 在海外派遣期间，是否满意居住条件	0.512		
3. 在海外派遣期间，是否适应当地的饮食习惯	0.659		
4. 在海外派遣期间，购物是否便利	0.748		
5. 在海外派遣期间，能否接受生活成本	0.791		
6. 在海外派遣期间，是否有机会参加娱乐活动	0.835		
7. 在海外派遣期间，医疗是否便利	0.741		
8. 在海外派遣期间，是否与当地居民有社交行为		0.583	
9. 在海外派遣期间，是否与当地居民有日常的互动活动		0.741	
10. 在海外派遣期间，是否与公司以外的当地居民有互动活动		0.806	
11. 在海外派遣期间，是否与当地居民交谈		0.601	
12. 在海外派遣期间，是否了解并承担具体的工作责任			0.774
13. 在海外派遣期间，是否了解工作标准，并满足相应的期望			0.648
14. 在海外派遣期间，是否了解并承担监督责任			0.750
方差贡献率（%）	28.934	18.693	18.329
累计方差贡献率（%）	28.934	47.627	65.956

4. 外派管理实践

对外派管理实践问卷中的 21 个题项进行探索性因子分析，结果显示 KMO 值为 0.868，Bartlett 球度检验值为 3147.765，p < 0.000，说明数据适合做主成分分析，采用最大方差法进行旋转，并选择特征根大于等于 1 作为保留因子的标准，具体结果如表 4－16 所示。每一个题项的因子负载系数都在 0.5 以上，总体方差的解释率达到 66.556%。

根据各题项的内容可将这四个因子分别命名为"回任发展"（题项 1~5）、"工作促进"（题项 6~10）、"福利支持"（题项 11~17）和"社会支持"（题项 18~21）。

表 4－16　外派管理实践探索性因子分析结果（N = 241）

题项	因子 1	因子 2	因子 3	因子 4
1. 公司优先照顾回任外派员工对工作岗位的选择	0.763			
2. 公司在外派前对外派员工回任后的安排给予合理的承诺	0.782			
3. 外派员工回国后一般都可以得到升职	0.791			
4. 公司能够履行对外派员工回任后的工作安排承诺	0.802			
5. 公司外派员工在满足外派年限后可以按其意愿回国	0.733			
6. 公司给外派员工发放详细的外派员工管理手册或相关材料		0.596		
7. 公司为外派员工制定了明确的工作职责		0.744		
8. 公司为外派员工制定了明确的外派目标		0.740		
9. 公司建立对外派员工的专家支持系统，提供专业而权威的帮助		0.671		
10. 公司给予外派员工足够的权力		0.670		
11. 公司能保证外派员工的通信方便			0.603	
12. 公司为外派员工提供良好的住宿			0.539	
13. 公司能为外派员工及时足额地缴纳各项保险			0.820	
14. 公司安排了合理的探亲假期			0.701	
15. 公司能帮助外派员工解决医疗问题			0.827	
16. 公司解决外派员工的交通出行问题			0.843	
17. 公司为外派员工提供了合理的报酬			0.788	
18. 公司提供所派驻国家的风俗文化培训				0.636
19. 公司帮助外派员工融入当地生活				0.667
20. 公司提供长期的语言培训				0.758

题项	因子1	因子2	因子3	因子4
21. 公司定期组织外派员工聚会，在内部沟通交流文化隔阂等问题				0.794
方差贡献率（%）	20.851	16.244	16.002	13.458
累计方差贡献率（%）	20.851	37.096	53.098	66.556

5. 安全绩效

对安全绩效问卷中的 8 个题项进行探索性因子分析，结果显示 KMO 值为 0.866，Bartlett 球度检验值为 1539.218，$p < 0.000$，说明数据适合做主成分分析，采用最大方差法进行旋转，并选择特征根大于等于 1 作为保留因子的标准，具体结果如表 4 – 17 所示。每一个题项的因子负载系数都在 0.6 以上，总体方差的解释率达到 77.775%。

与第一次调研问卷数据结果相同，此次根据各题项的内容可将这两个因子分别命名为"安全参与"（题项 1 ~ 5）和"安全服从"（题项 6 ~ 8）。

表 4 – 17　安全绩效探索性因子分析结果　（N = 241）

题项	因子1	因子2
1. 即使无人监督，我也会安全工作	0.775	
2. 我会提出改善安全施工的建议	0.890	
3. 我会参加改善安全施工的活动	0.799	
4. 我会主动纠正同事的错误操作	0.769	
5. 我会主动向同事示范正确的操作	0.630	
6. 我会按照要求穿戴必要的防护用品		0.842
7. 我在工作中遵守安全规则和标准工作程序		0.933
8. 我在工作中会积极配合管理人员的指挥		0.785
方差贡献率（%）	42.112	35.662
累计方差贡献率（%）	42.112	77.775

6. 问卷的信度检验

由表 4 – 18 可知，心理授权问卷内部一致性 Cronbach's α系数为

0.890，它的四个子因子（工作意义、影响力、自主性和胜任力）的 Cronbach's α系数分别为 0.947、0.904、0.942 和 0.836，都高于心理测量学的要求 0.7，这说明该测量工具的内部一致性信度符合要求。

同时，工作不安全感、外派适应、外派管理实践和安全绩效问卷内部一致性 Cronbach's α系数分别为 0.819、0.901、0.919 和 0.913，各自子因子的 Cronbach's α系数均高于 0.7，说明内部一致性信度符合要求。

表 4 - 18   心理授权、工作不安全感、外派适应、外派管理实践
和安全绩效量表内部一致性系数

量表	因子	Cronbach's α	
心理授权	工作意义	0.947	0.890
	影响力	0.904	
	自主性	0.942	
	胜任力	0.836	
工作不安全感	工作丧失	0.929	0.819
	薪酬福利	0.824	
	回任安排	0.789	
	工作能力	0.696	
外派适应	一般适应	0.883	0.901
	互动适应	0.802	
	工作适应	0.737	
外派管理实践	回任发展	0.895	0.919
	工作促进	0.840	
	福利支持	0.849	
	社会支持	0.888	
安全绩效	安全服从	0.887	0.913
	安全参与	0.892	

| 第五章 |

施工企业外派员工安全绩效的实证结果分析

本章基于第三章提出的相关研究假设以及关系模型，利用某航务工程局有限公司外派员工的数据进行实证分析和验证。

第一节　安全氛围、外派适应与安全绩效分析

按照前文论述，本部分检验外派适应对安全氛围和安全绩效的调节效应，共需验证三个假设：在海外施工企业中，安全氛围对安全绩效具有显著的正向影响（H1.1）；外派适应对安全绩效具有显著的正向影响（H1.2）；外派适应能够调节安全氛围和安全绩效的关系（H1.3）。

一　相关分析结果

运用第一次调研收回的有效问卷 287 个数据，对主要变量进行皮尔逊相关系数检验，结果如表 5 - 1 和表 5 - 2 所示。表 5 - 1 显示，安全绩效与安全氛围、领导承诺和安全意识在 1% 的水平下显著正相关，系数分别为 0.211、0.156 和 0.219；安全绩效子因子安全服从与安全意识在 1% 的水平下显著正相关，系数为 0.230，安全参与与领导承诺的相关系数为 0.168，在 1% 的水平下显著正相关。

表 5 – 1　安全绩效与安全氛围的相关系数

变量	安全氛围	安全氛围子因子			
		领导承诺	安全意识	安全环境	高管监督
安全绩效	0.211 **	0.156 **	0.219 **	0.070	– 0.072
安全服从	0.170 **	0.057	0.230 **	0.013	– 0.033
安全参与	0.127 *	0.168 **	0.074	0.090	– 0.070

注：** 、* 分别表示 $p < 0.01$、$p < 0.05$（双尾检验）。

表 5 – 2 显示，安全绩效与外派适应、工作适应和一般适应在 1%的水平下正相关，系数分别为 0.345、0.279 和 0.238。安全服从与外派适应、互动适应和工作适应显著正相关，系数分别为 0.181（$p < 0.01$）、0.133（$p < 0.05$）、0.162（$p < 0.01$）。安全参与与外派适应（系数为 0.311，$p < 0.01$）、一般适应（系数为 0.354，$p < 0.01$）、工作适应（系数为 0.236，$p < 0.01$）显著正相关。变量间相关系数均小于0.4，不存在多重共线性问题。

表 5 – 2　安全绩效与外派适应的相关系数

变量	外派适应	外派适应子因子		
		一般适应	互动适应	工作适应
安全绩效	0.345 **	0.238 **	0.078	0.279 **
安全服从	0.181 **	– 0.004	0.133 *	0.162 **
安全参与	0.311 **	0.354 **	– 0.029	0.236 **

注：** 、* 分别表示 $p < 0.01$、$p < 0.05$（双尾检验）。

二　外派适应的调节效应检验

（一）安全氛围与安全绩效

为了检验外派适应对安全氛围和安全绩效的调节效应，首先需要检验安全氛围和安全绩效的关系。具体而言，根据理论假设构建多元回归模型，并控制人口统计特征变量，运用 SPSS 22.0 对安全氛围与安全绩效的主效应进行检验，分别检验安全氛围及其子因子领导承诺、安全意识、安全环境、高管监督与安全绩效的关系。表 5 – 3 模型 1 显示了回归结果。根据回归结果，安全氛围与安全绩效在 1% 的水平下显著正相关（系数为 0.268，p < 0.01）；代入子因子后，领导承诺（系数为 0.099，p < 0.05）、安全意识（系数为 0.150，p < 0.01）与安全绩效显著正相关，表明安全氛围对安全绩效有显著的正向影响，支持假设 H1.1。其中，安全意识发挥着更为重要的作用。该研究是组织支持理论在安全领域运用的证据，外派员工的安全绩效必然会受到组织制度和氛围的影响，组织需要实施相应的措施，消除外派员工的不安全行为，进而提升外派员工的工作效率。

（二）外派适应与安全绩效

表 5 – 3 的模型 2 是外派适应及其子因子一般适应、互动适应、工作适应与安全绩效的回归结果。根据结果，外派适应（系数为 0.407，p < 0.01）及其子因子一般适应（系数为 0.163，p < 0.01）、互动适应（系数为 0.066，p < 0.1）、工作适应（系数为 0.178，p < 0.01）均与安全绩效显著正相关，表明海外员工越适应新的工作岗位、越适应当地的文化生活环境并与当地人保持舒适的互动，员工安全绩效水平越高，支持假设 H1.2 及 H1.2.1、H1.2.2、H1.2.3。

（三）调节效应检验

继续检验外派适应及其子因子对安全氛围和安全绩效的调节效应，发现互动适应的调节效应并不显著，其余因子的回归结果如表 5 – 3 的模型 3 所示。根据回归结果，安全氛围的系数为 0.179（p < 0.05），外派适应的系数为 0.397（p < 0.01），调节变量安全氛围×外派适应的系数为 0.200（p < 0.1），表明外派适应强化了安全氛围与外派员工安全绩效之间的正向影响，即当外派适应能力较强时，安全氛围对外派员工安全绩效的正向影响更加明显，二者存在互补效应。在模型 3 的子因子检验结果中，调节变量安全氛围×一般适应的系数为 0.167（p < 0.05），安全氛围×工作适应的系数为 0.098（p < 0.1），表明外派适应

表5-3 外派适应对安全氛围和安全绩效的调节效应检验

变量	模型1 安全氛围	模型1 安全氛围各子因子	变量	模型2 外派适应	模型2 外派适应各子因子	变量	模型3 外派适应	模型3 一般适应	模型3 工作适应
自变量									
安全氛围	0.268*** (3.364)		外派适应	0.407*** (6.509)		安全氛围	0.179** (2.340)	0.221** (2.854)	0.238*** (3.090)
领导承诺		0.099** (2.458)	一般适应		0.163*** (4.023)	外派适应	0.397*** (5.844)		
安全意识		0.150*** (3.743)	互动适应		0.066* (1.662)	安全氛围×外派适应	0.200* (1.671)		
安全环境		0.043 (1.080)	工作适应		0.178*** (4.501)	一般适应		0.159*** (3.761)	
高管监督		-0.051 (-1.261)				工作适应			0.184*** (4.489)
						安全氛围×一般适应		0.167** (2.193)	
						安全氛围×工作适应			0.098* (1.382)
控制变量									
性别	0.502*** (3.362)		性别	0.560*** (3.420)	0.557*** (3.409)	性别	0.461*** (3.285)	0.434** (2.996)	0.427** (2.950)

续表

变量	模型1 安全氛围	模型1 安全氛围各子因子	模型2 外派适应	模型2 外派适应各子因子	模型3 外派适应	模型3 一般适应	模型3 工作适应
年龄	-0.141* (-1.891)	-0.151** (-2.052)	-0.220** (-3.124)	-0.183** (-2.479)	-0.198** (-2.810)	-0.081 (-1.113)	-0.196** (-2.706)
婚姻状况	-0.135 (-1.301)	-0.127 (-1.234)	-0.221** (-2.255)	-0.220** (-2.237)	-0.204** (-2.079)	-0.189* (-1.868)	-0.147 (-1.462)
受教育程度	-0.057 (-0.685)	-0.069 (-0.832)	-0.134* (-1.698)	-0.153* (-1.933)	-0.123 (-1.548)	-0.087 (-1.068)	-0.123 (-1.510)
已外派时间	0.115 (1.472)	0.134 (1.727)	0.119 (1.620)	0.101 (1.373)	0.130* (1.728)	0.078 (1.030)	0.128* (0.698)
收入	-0.099 (-1.345)	-0.105 (-1.477)	-0.049 (-0.674)	-0.067 (-0.895)	-0.027 (-0.389)	-0.134* (-1.858)	-0.035 (-0.478)
ΔR²	0.097	0.132	0.192	0.199	0.186	0.138	0.142
F值	4.291***	4.180***	9.517***	8.127***	8.627***	6.106***	6.274***

注：模型3中，由于互动应对安全氛围的调节效应并不显著，且限于篇幅，并未列出。* 表示在10%的水平下显著，** 表示在5%的水平下显著，*** 表示在1%的水平下显著，括号内为 t 值。

的子因子一般适应、工作适应与安全氛围存在互补效应，说明当外派员工适应东道国的生活和工作环境，安全氛围与安全绩效间的积极效应增强，假设 H1.3 得到验证。

（四）主要结论

基于已有研究和海外施工企业的实际情况，综合考虑了安全氛围和外派适应对外派员工安全绩效的影响。本节利用施工企业海外派遣员工的数据，得出以下结论。

首先，本节证实了安全氛围对外派员工安全绩效具有显著的正向影响，尤其是领导承诺和安全意识的积极作用。这表明中国企业在海外的项目建设过程中，在面对不同国情、文化和东道国员工时，仍然时刻需要重视安全氛围的建设，落实安全生产责任制，弘扬工匠精神。来自项目经理和公司高管的安全承诺，以及个人安全认知培养，均对提高企业安全绩效具有重要作用。

其次，本节明确了外派适应对外派员工安全绩效的正向影响，证实了外派适应能力（包括各子因子）是强化海外派遣员工安全绩效的关键要素。同时，应用调节效应法发现，在对员工安全绩效的作用过程中，安全氛围与外派适应存在互补效应，即在重视安全氛围构建的海外企业中，外派员工自身的外派适应能力越强，安全绩效水平越高。这为我国海外施工企业的安全绩效研究提供了一定的经验证据。

最后，具体到外派适应的子因子，一般适应和工作适应能够显著调节安全氛围和安全绩效之间的关系；而互动适应的调节效应并不显著。这在一定程度上说明，对于海外施工企业而言，外派员工的一般适应和工作适应是对安全氛围的有效补充。这说明在相同安全氛围情境下，那些遵循当地的工作标准、对东道国饮食和生活居住条件适应较好的员工，安全绩效表现更好。安全氛围、外派适应和安全绩效间的作用路径和系数如图 5-1 所示。

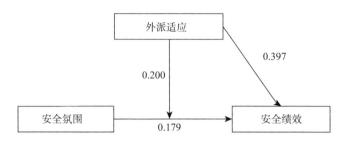

图 5 - 1　安全氛围、外派适应和安全绩效关系系数

第二节　外派适应、工作不安全感
与安全绩效分析

按照前文论述，本部分共需检验四个假设：外派适应对安全绩效具有显著的正向影响（H1.2）；外派员工的工作不安全感对安全绩效具有显著的负向影响（H2.1）；外派适应对工作不安全感具有显著的负向影响（H2.2）；外派员工的工作不安全感在外派适应和安全绩效之间起中介作用（H2.3）。

一　描述性统计

将第二次调查问卷回收的 482 个有效样本数据随机地均分成两部分。第一部分 241 个样本数据用于各概念的探索性因子分析（探索性因子分析结果见第四章第二节表 4 - 7 至表 4 - 18），第二部分 241 个样本数据用于各概念的验证性因子分析，并进行描述性统计和回归分析。表 5 - 4 报告了本节研究中所涉及变量的均值、标准差、相关系数，结果显示，外派适应和安全绩效（系数为 0.35，p < 0.01）二者显著正相关；工作不安全感和外派适应（系数为 - 0.29，p < 0.05）、安全绩效（系数为 - 0.24，p < 0.01）之间都呈现出显著的负相关关系，与前文的理论预期一致。

表 5 - 4 变量均值、标准差以及变量间的相关系数

变量	均值	标准差	性别	年龄	婚姻状况	受教育程度	已外派时间	收入	外派适应	工作不安全感	安全绩效
性别	1.11	0.32	1								
年龄	1.98	0.79	-0.29**	1							
婚姻状况	1.55	0.50	0.08	0.29**	1						
受教育程度	2.67	0.61	-0.01	-0.41**	-0.08	1					
已外派时间	2.36	0.79	-0.23**	0.28**	0.22**	0.01	1				
收入	1.89	0.68	-0.22**	0.08	0.05	0.22**	0.33**	1			
外派适应	3.69	0.54	-0.03	-0.08	-0.04	0.05	-0.08	-0.01	1		
工作不安全感	2.86	0.48	0.068	0.05	-0.13*	-0.02	0.05	-0.07	-0.29*	1	
安全绩效	4.11	0.43	-0.11	-0.14*	-0.13	0.08	-0.02	0.15**	0.35**	-0.24**	1

注：$N=241$。对性别来说，男性=1，女性=2；对婚姻状况来说，未婚=1，已婚=2；对受教育程度来说，高中/中专及以下=1，大专=2，本科=3，硕士研究生及以上=4。**、*分别表示 $p<0.01$，$p<0.05$（双尾检验）。

二 验证性因子分析

考虑到241个样本量较小，而测量的题项较多，因此，用外派适应的3个分维度分数和工作不安全感的4个分维度分数分别作为其观察指标，同时按照题项—构念平衡法将安全绩效题项分别打包为3个指标，最后进行验证性因子分析。表5-5报告了假设模型以及其他3种替代模型的拟合指数，结果显示，观测数据与假设模型（三因子模型）之间的拟合度最好 [χ^2 （32）= 90.27，RMSEA = 0.08，CFI = 0.96，TLI = 0.94，GFI = 0.93]，显著优于备选的二因子和单因子模型。因此，三因子模型能够更好地代表测量的因子结构，变量的区分效度得到验证。

表 5 - 5 测量模型的比较

模型	χ^2	df	$\Delta\chi^2$	χ^2/df	GFI	TLI	CFI	RMSEA
三因子模型	90.27	32		2.82	0.93	0.94	0.96	0.08
二因子模型								
外派适应和工作不安全感并入一个因子	270.95	34	180.68	7.97	0.82	0.78	0.83	0.17
工作不安全感和安全绩效并入一个因子	298.75	34	208.48	8.79	0.82	0.75	0.81	0.18
单因子模型	556.81	35	466.54	15.91	0.69	0.52	0.63	0.25

三 工作不安全感的中介效应检验

（一）外派适应与安全绩效

为了检验工作不安全感的中介效应，首先需要检验外派适应和安全绩效。因此，运用第二次问卷调查样本，再次检验外派适应和安全绩效的关系，回归结果见表5-6模型1。外派适应（系数为0.274）、互动适应（系数为0.075）和工作适应（系数为0.166）与安全绩效显著正相关，表明外派员工的外派适应能力，尤其是互动适应和工作适应能力对安全绩效有正向影响，假设 H1.2、H1.2.2 和 H1.2.3 再次得到支持。然而，一般适应与安全绩效的关系并未通过显著性检验。这与表 5-3 的实证结论略有差异，说明数据样本更换后，一般适应与安全绩效的关系并未通过稳健性检验。根据 Kanter（1977）和 Hanson 等（2006）的观点，工作和家庭生活存在溢出效应，两个领域会相互影响。因此，一种可能的解释是，当外派员工逐步习惯东道国的饮食生活和居住条件后，一般适应能力提升，可能会对工作产生溢出效应，由此，一般适应可能是通过工作适应对安全绩效产生间接影响。

（二）中介效应检验

根据中介效应检验步骤，检验工作不安全感及其子因子（工作丧失、薪酬福利、回任安排和工作能力）与安全绩效的回归关系，结果如表 5-6 的模型 2 所示。根据回归结果，工作不安全感（系数为 -0.200）与安全绩效在 1% 的水平下显著负相关；在子因子的回归分析中，回任安排（系数为 -0.140）在 1% 的水平下与安全绩效显著负相关，其余子因子与安全绩效虽然关系为负，但并不显著，假设 H2.1 和 H2.1.3 得到验证。这意味着，给予外派员工较为满意和明确的回任安排，能够很好地改善安全绩效。

表 5-6 的模型 3 显示了外派适应对工作不安全感及其子因子（工作丧失、薪酬福利、回任安排和工作能力）的回归结果，结果显示，外派适应（系数为 -0.238）与工作不安全感在 1% 的水平下显著负相关，且在 1% 的水平下与薪酬福利（系数为 -0.366）、回任安排（系数为 -0.709）和工作能力（系数为 -0.338）显著负相关，表明外派适应能力提升确实能够降低外派员工的工作不安全感，假设 H2.2、H2.2.2、H2.2.3 和 H2.2.4 得到验证。值得注意的是，外派适应与工作丧失（系数为 0.173）在 5% 的水平下显著正相关，与假设 H2.2.1 的预测方向相反，表明外派员工的外派适应能力越强，越担心丧失外派机

会，被动归国。这也从侧面支持了已有研究的结论，在外面发展很好的员工，可能并不是很愿意归国。杨春江等（2013）就曾指出，归国人员需要被迫割裂已构建多年的海外社会关系网络，不得不放弃已掌握的国际企业经营管理经验，造成了外派员工频繁离职。

表 5 - 6 的模型 4 是外派适应、工作不安全感和安全绩效的回归结果，结果显示，外派适应（系数为 0.247，p < 0.01）、工作不安全感（系数为 - 0.123，p < 0.05）均与安全绩效显著相关。结合表 5 - 6 模型 1 ~ 3 的结果，表明工作不安全感部分中介了外派适应与员工安全绩效之间的正向关系，假设 H2.3 得到证明。进一步，按照 MacKinnon 等（2004）的建议，使用 Bootstrap 方法并利用 SPSS 的 PROCESS 宏对中介路径的显著性进行细化检验。结果显示，外派适应对安全绩效的直接效应是 0.247；通过工作不安全感对安全绩效的间接效应是 0.0293，置信区间为 ［0.0015，0.0762］（不含 0），在 95% 的置信水平上显著。这意味着外派员工的工作不安全感发挥了部分中介部应，效应占比为 10.6%。

（三）主要结论

本节在海外施工企业（项目）的情境下，考虑了外派员工外派适应、工作不安全感对员工安全绩效的相关影响，得出以下结论。

第一，外派适应对员工安全绩效具有显著的正向影响，二次问卷数据再次证实了外派适应能力是影响海外派遣员工安全绩效的要素，尤其是互动适应和工作适应是安全绩效的前因变量。但是一般适应与安全绩效的关系并未通过显著性检验，二者关系需要进一步细化分析。一个可能的解释是，一般适应是通过工作适应对安全绩效产生间接的影响。另外，对于施工项目而言，现场畅快明晰的沟通是十分必要的，工作适应代表着员工对工程项目以及东道国工作流程的熟悉程度，互动适应则有利于提高沟通技巧，二者与安全绩效的关联度更大。

第二，工作不安全感能够带来安全绩效的降低，尤其是回任安排子因子与安全绩效之间存在显著的负相关关系，意味着外派员工对回任安

表5-6 工作不安全感对外派适应和安全绩效的中介效应检验

变量	模型1 安全绩效	模型1 安全绩效	模型2 安全绩效	模型2 安全绩效	模型3 工作不安全感	模型3 工作丧失	模型3 薪酬福利	模型3 回任安排	模型3 工作能力	模型4 安全绩效
截距	0.254	0.274	0.308	0.279	-0.100	1.409**	-0.803*	-0.565*	-0.639*	0.249
控制变量										
性别	-0.191**	-0.178*	-0.147		0.170	-0.351**	0.633***	0.348**	0.501***	-0.157*
年龄	-0.101**	-0.052	-0.059		0.095	0.141	0.091	-0.062	0.136	-0.047
婚姻状况	0.057	0.052	0.055		-0.157**	-0.139	-0.166	-0.088	-0.115	0.069
受教育程度	-0.031	-0.033	-0.030		0.034	-0.187**	0.092	0.130**	0.042	-0.039
已外派时间	-0.028	-0.067*	-0.069*		-0.019	-0.112	0.027	0.018	-0.035	-0.067*
收入	0.106**	0.089**	0.091**		-0.040	-0.159**	-0.070	0.026	-0.017	0.097
自变量										
外派适应	0.274***		-0.200***		-0.238***	0.173**	-0.366***	-0.709***	-0.338***	0.247***
一般适应		0.051								
互动适应		0.075*								
工作适应		0.166**								
工作不安全感				-0.062						-0.123**
工作丧失				-0.011						
薪酬福利										

续表

变量	模型1		模型2		模型3				模型4	
	安全绩效	安全绩效	安全绩效	安全绩效	工作不安全感	工作丢失	薪酬福利	回任安排	工作能力	安全绩效
自变量										
回任安排			-0.140***							
工作能力			-0.054							
R^2	0.183	0.188	0.143	0.122	0.114	0.104	0.129	0.357	0.124	0.208
Adj. R^2	0.158	0.156	0.105	0.095	0.088	0.077	0.103	0.338	0.097	0.180
F值	7.420***	5.919***	3.815***	4.594***	4.278	3.871***	4.922***	18.412***	4.670***	7.563***

注：*** 表示在 1% 的水平下显著；** 表示在 5% 的水平下显著；* 表示在 10% 的水平下显著。

排的担忧影响其安全绩效的提高。这点与国内学者的研究相符，对于外派员工而言，能否提高工作能力以及之后的职业发展如何是外派员工是否选择外派的重要原因。

第三，外派适应能够降低工作不安全感，即当外派员工适应了东道国的工作、生活和互动后，能够降低对外派工作的不安全感。具体而言，外派适应能够显著降低外派员工的薪酬福利、回任安排和工作能力方面的不安全感，提高对工作丧失的不安全感。外派适应能力越强的员工越容易担心丧失外派机会，提前或者被动回国。可能的原因是，当外派员工已经适应了海外生活时，他们希望拥有更长时间的海外工作经历，以获取更多的国际企业经营管理经验，提升自己的工作能力，为将来可能的升迁添砖加瓦；或者已经习惯了东道国的生活环境，更乐意继续经营当地的社会关系。

第四，外派适应能力不只能够直接对员工安全绩效产生正向影响，更能够通过影响员工的工作不安全感对员工安全绩效产生间接影响。这再次说明，外派员工的适应能力对外派员工的安全绩效具有重要作用。因而，在挑选外派员工时，员工的语言沟通、家庭支持度、文化沟通能力等适应能力需要纳入考量。外派适应、工作不安全感和安全绩效间的作用路径和系数如图 5-2 所示。

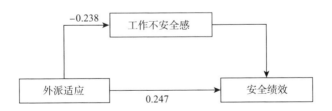

图 5-2　外派适应、工作不安全感和安全绩效关系系数

第三节　外派适应、心理授权与安全绩效分析

按照前文论述，本部分需要检验心理授权对外派适应和安全绩效的

调节效应，以及被调节的中介模型。前者包括三个假设：外派适应对安全绩效具有显著的正向影响（H1.2）；外派员工的心理授权对安全绩效具有显著的正向影响（H3.1）；外派员工的心理授权能够调节外派适应和安全绩效的关系（H3.2）。后者包括五个假设：一般适应和互动适应是工作适应的前因变量（H3.3）；工作适应对安全绩效具有显著的正向影响（H1.2.3）；外派员工的心理授权对安全绩效具有显著的正向影响（H3.1）；外派员工的心理授权能够调节工作适应和安全绩效的关系（H3.2.3）；心理授权正向调节了外派适应子因子和安全绩效之间的中介关系（H3.4）。

一　描述性统计

本节采用的样本数据和处理方法与本章第二节相同。首先，对有效样本数据进行描述性统计。表5－7报告了本节所涉及变量的均值、标准差、相关系数，结果显示，安全绩效与心理授权（系数为0.33，$p < 0.01$）、外派适应（系数为0.35，$p < 0.01$）显著正相关，心理授权与外派适应（系数为0.49，$p < 0.01$）显著正相关，与本章的理论预期一致。

进一步，将外派适应细分为一般适应、互动适应和工作适应后，其描述性统计和相关系数如表5－8所示，结果显示，一般适应（系数为0.30，$p < 0.01$）、互动适应（系数为0.30，$p < 0.01$）、工作适应（系数为0.32，$p < 0.01$）、心理授权（系数为0.33，$p < 0.01$）与安全绩效均显著正相关；一般适应（系数为0.37，$p < 0.01$）、互动适应（系数为0.41，$p < 0.01$）、工作适应（系数为0.52，$p < 0.01$）与心理授权均显著正相关。

表 5-7 变量均值、标准差以及变量间的相关系数

变量	均值	标准差	性别	年龄	婚姻状况	受教育程度	已外派时间	收入	外派适应	心理授权	安全绩效
性别	1.11	0.32	1								
年龄	1.98	0.79	-0.29**	1							
婚姻状况	1.55	0.50	0.08	0.29**	1						
受教育程度	2.67	0.61	-0.01	-0.41**	-0.08	1					
已外派时间	2.36	0.79	-0.23**	0.28**	0.22**	0.01	1				
收入	1.89	0.68	-0.22**	0.08	0.05	0.22**	0.33**	1			
外派适应	3.69	0.54	-0.03	-0.08	-0.04	0.05	-0.08	-0.01	1		
心理授权	3.78	0.50	0.12	-0.03	0.12	0.15**	0.04	0.12	0.49**	1	
安全绩效	4.11	0.43	-0.11	-0.14*	-0.13	0.08	-0.02	0.15**	0.35**	0.33**	1

注：$N=241$。对性别来说，男性=1，女性=2；对婚姻状况来说，未婚=1，已婚=2；对受教育程度来说，高中/中专及以下=1，大专=2，本科=3，硕士研究生及以上=4。** 和 * 分别表示 $p<0.01$，$p<0.05$（双尾检验）。

表 5 - 8 变量均值、标准差以及变量间的相关系数

变量	均值	标准差	一般适应	互动适应	工作适应	心理授权	安全绩效
一般适应	3.63	0.60	1				
互动适应	3.44	0.73	0.74 **	1			
工作适应	3.99	0.54	0.62 **	0.52 **	1		
心理授权	3.78	0.50	0.37 **	0.41 **	0.52 **	1	
安全绩效	4.11	0.43	0.30 **	0.30 **	0.32 **	0.33 **	1

注：** 表示 p < 0.01（双尾检验）。

二 验证性因子分析

（一）外派适应、心理授权和安全绩效

对外派适应、心理授权和安全绩效 3 个变量进行验证性因子分析，以检验变量的区分效度。考虑到 241 个样本数据样本量较小，而测量的题项较多，这会在很大程度上影响拟合指数的有效性。因此，遵循以往处理方式，用心理授权的 4 个分维度分数和外派适应的 3 个分维度分数分别作为其观察指标，同时按照题项—构念平衡法将安全绩效题项分别打包为 3 个指标，最后进行验证性因子分析。表 5 - 9 报告了假设模型以及其他两种替代模型的拟合指数，结果显示，观测数据与假设模型（三因子模型）之间的拟合度最好 $[\chi^2 (32) = 77.55$，RMSEA $= 0.08$，CFI $= 0.97$，TLI $= 0.96$，GFI $= 0.95]$，显著优于备选的二因子和单因子模型。因此，三因子模型能够更好地代表测量的因子结构，变量的区分效度得到验证。

表 5 - 9 外派适应整体测量模型的比较

模型	χ^2	df	χ^2/df	GFI	TLI	CFI	RMSEA
三因子模型	77.55	32	2.42	0.95	0.96	0.97	0.08
二因子模式	201.95	34	5.94	0.85	0.85	0.89	0.14
单因子模型	566.08	35	16.17	0.63	0.54	0.64	0.25

注：二因子模型是将外派适应和心理授权合并。

(二) 外派适应细分后的测量模型

考虑到一般适应、互动适应和工作适应之间存在相关关系，故在细究三者关系的基础上，讨论被调节的中介效应。表 5 - 10 报告了假设模型以及其他替代模型的拟合指数，结果显示，观测数据与假设模型（五因子模型）之间的拟合度最好 $[\chi^2 (55) = 137.705$，RMSEA = 0.079，CFI = 0.958，TLI = 0.940，GFI = 0.918]，显著优于备选的其他因子模型。因此，五因子模型能够更好地代表测量的因子结构，变量的区分效度得到验证。

表 5 - 10　外派适应细分后的测量模型比较

模型	χ^2	df	χ^2/df	GFI	TLI	CFI	RMSEA
五因子模型	137.705	55	2.504	0.918	0.940	0.958	0.079
四因子模型	204.115	59	3.460	0.886	0.927	0.926	0.101
三因子模型	307.908	62	4.966	0.842	0.843	0.875	0.129
二因子模型	414.437	64	6.476	0.797	0.824	0.822	0.151
单因子模型	1107.923	65	17.045	0.601	0.474	0.470	0.259

注：四因子模型是将一般适应和互动适应合并；三因子模型是将一般适应、互动适应、工作适应合并；二因子模型是将一般适应、互动适应、工作适应和心理授权合并。

三　心理授权的调节效应检验

(一) 外派适应与安全绩效

运用 SPSS 22.0 对外派适应与员工安全绩效的主效应进行检验，并控制了人口统计特征变量，结果见表 5 - 11 模型 1。由于模型 1 所用数据样本与本章第二节相同，所以回归结果同表 5 - 6 的模型 1 一样。外派适应（系数为 0.274，$p < 0.01$）、互动适应（系数为 0.075，$p < 0.1$）和工作适应（系数为 0.166，$p < 0.05$）与安全绩效均显著正相关，表明外派员工的外派适应能力，尤其是互动适应和工作适应能力对安全绩效有正向影响，假设 H1.2 及 H1.2.2 和 H1.2.3 成立。

(二) 心理授权的调节效应检验

表 5 - 11 模型 2 考察了心理授权及其子因子与安全绩效的关系, 结果显示, 心理授权 (系数为 0.297, $p < 0.01$) 与安全绩效显著正相关, 表明外派员工的心理授权对安全绩效有正向影响。工作意义的系数为 0.111 ($p < 0.05$)、自主性的系数为 0.113 ($p < 0.05$), 二者均与安全绩效显著正相关, 表明当外派员工充分认可自己的工作意义, 并且感受到拥有较强的自主性时, 能够提高安全绩效, 假设 H3.1、H3.1.1 和 H3.1.3 成立。由于自主性系数 0.113 大于工作意义的系数 0.111, 说明自主性的正向影响效果较大。这体现了施工项目的特点。施工项目除了有标准化的安全流程和指南外, 也需要现场的安排和调整。拥有更强自主性的外派员工, 能够最大限度地激发外派员工的工作主动性与安全意识, 使得员工工作更积极主动, 也更有效率。与此同时, 工作意义包括社会价值与自我价值。对于施工企业的外派员工而言, 外派工作具有很高的社会价值。外派员工顺利完成海外施工项目和工程, 不仅满足了中国企业跨国发展和绩效提高的要求, 更能为推动共建 "一带一路" 国家共同合作、共同受益贡献自己的力量。标杆项目和精品项目的打造还可以树立中国企业形象。对这份外派工作的意义高度认可的员工, 能够激发自我满足感, 进而提升自身的工作能力与安全水平。

模型 3 检验了心理授权在外派适应与安全绩效关系中的调节效应。将变量中心化后的交互项对安全绩效进行回归检验, 发现外派适应 (系数为 0.175, $p < 0.05$)、心理授权 (系数为 0.194, $p < 0.01$) 以及外派适应 × 心理授权 (系数为 0.153, $p < 0.1$) 均与安全绩效显著正相关, 表明心理授权在两者之间的调节效应显著, 假设 H3.2 得到验证。

在子假设的检验中, 发现虽然一般适应、互动适应与安全绩效的关系并不显著, 但是一般适应与心理授权的交互项系数为 0.677 ($p < 0.01$), 显著为正, 互动适应与心理授权的交互项系数为 −0.432 ($p < 0.01$), 显著为负。由于表 5 - 11 的模型 1 中一般适应与安全绩效的关

系并不显著，而模型 3 中，一般适应 × 心理授权的系数 0.677 在 1% 的水平下与安全绩效显著正相关，只能说明一般适应和心理授权二者联合才能够对安全绩效产生影响，并不能支持假设 H3.2.1。同时，由于表 5-11 的模型 1 中互动适应的系数 0.075 在 10% 的水平下与安全绩效显著正相关，但模型 3 中交互项互动适应 × 心理授权的系数 -0.432 在 1% 的水平下与安全绩效显著负相关，意味着心理授权能够逆向调节互动适应与安全绩效之间的正向关系，与假设 H3.2.2 的预期方向相反。该结论与已有结论相左，即感知心理授权越高的员工，其互动适应与安全绩效之间的正向关系反而越弱，心理授权与互动适应之间存在替代效应。结合表 5-11 模型 2 的回归结果，一个认为自身工作有价值且能够自主完成工作的外派员工，可能会基于自身对组织的承诺，承担更多的组织公民行为，此时，心理授权对工作绩效（安全绩效）的影响更加直接和显著，而与东道国居民的交流互动对安全绩效的影响逐步弱化。何蓓婷和安然（2019）认为，社交压力是外派员工面临的最主要的压力。为此，外派员工可能在工作中采取积极主动策略，在生活中采取回避策略。本章的结论进一步支持了何蓓婷和安然（2019）的结论，即拥有自我效能的员工更容易采用工作积极策略，在生活中并不主动与东道国员工联系。社交需求可以通过与中方员工保持联系得到满足。结合第一节互动适应的调节效应并不显著的结论，可以再次证明：虽然互动适应会对安全绩效产生积极效应，但是施工企业员工本身不会主动进行互动适应，更不会有动力去进行互动适应。

由于表 5-11 模型 1 中工作适应的系数 0.166 在 5% 的水平下与安全绩效显著正相关，在模型 3 中工作适应与心理授权的交互项系数 0.022 在 10% 的水平下显著为正，工作适应的系数 0.137（$p < 0.05$）也显著，表明工作适应的主效应受到心理授权的调节影响，支持假设 H3.2.3，代表着感知心理授权越高的员工，其工作适应与安全绩效之间的正向关系越强，心理授权与工作适应之间存在互补效应。

表5-11 心理授权对外派适应和安全绩效的调节效应检验

模型1			模型2			模型3		
截距	0.254	0.274	截距	0.618**	-0.757**	截距	0.396*	0.360
控制变量								
性别	-0.175*	-0.191**	性别	-0.280**	-0.279	性别	-0.211**	-0.234**
年龄	-0.106**	-0.101**	年龄	-0.125**	-0.107**	年龄	-0.108**	-0.091**
婚姻状况	0.059	0.057	婚姻状况	0.028	0.034	婚姻状况	0.049	.067
受教育程度	-0.031	-0.031	受教育程度	-0.063	-0.048	受教育程度	-0.038	-.005
已外派时间	-0.021	-0.028	已外派时间	-0.034	-0.034	已外派时间	-0.030	-0.054
收入	0.103**	0.106**	收入	0.077*	0.073*	收入	0.069	0.057
自变量								
外派适应	0.274***		心理授权	0.297***		外派适应	0.175**	
一般适应		0.051	工作意义		0.111**	心理授权	0.194***	0.176**
互动适应		0.075*	胜任力		0.090	一般适应		0.082
工作适应		0.166**	自主性		0.113**	互动适应		0.002
			影响力		0.022	工作适应		0.137**
						外派适应×心理授权	0.153*	
						一般适应×心理授权		0.677***
						互动适应×心理授权		-0.432***
						工作适应×心理授权		0.022*
R^2	0.183	0.188	R^2	0.180	0.221	R^2	0.230	0.285
ΔR^2	0.158	0.156	ΔR^2	0.155	0.187	ΔR^2	0.200	0.244
F	7.420***	5.919***	F	7.280***	6.497***	F	7.654***	6.938***

注：*** 表示在1%的水平下显著；** 表示在5%的水平下显著；* 表示在10%的水平下显著。

为了更直观地解释心理授权对外派适应和安全绩效的调节作用，本章在图5-3中画出了相关的调节效应图。由图5-3a可知，外派适应和心理授权的交互效应和外派适应的主效应均显著。与心理授权较高的员工相比，心理授权低的外派员工在面对外派适应问题时更可能发生不安全行为，即在外派适应程度同等变化的情况下，心理授权较低时，外派员工更有可能发生不安全行为。同样，由图 5-3d 可知，交互效应和工作适应的主效应均显著。与心理授权较低的员工相比，心理授权高的外派员工在适应当地工作标准和绩效考核后，安全绩效提高，即在工作适应程度同等变化的情况下，心理授权较高时，外派员工的安全绩效更高。图 5-3b 和图 5-3c 中的交互效应显著，但主效应不显著。其中，图 5-3b 是心理授权与一般适应交互项的斜率图，表明心理授权对一般适应与安全绩效之间关系起着正向强化作用。该结果表明，对于心理授权较低的外派员工而言，一般适应和安全绩效之间的正向作用关系较弱，即一般适应越高，安全绩效反而越低。图 5-3c 是心理授权与互动适应交互项的斜率图，表明心理授权对互动适应与安全绩效之间关系起着抑制作用。该结果表明，对于心理授权较低的外派员工而言，互动适应和安全绩效之间的正向作用关系较强，即互动适应越高，安全绩效越高。换言之，一般适应和心理授权之间存在互补效应，互动适应和心理授权之间存在替代效应。王亮和牛雄鹰（2018）指出，中国跨国企业人员普遍具有外派周期短（平均 1~3 年）、喜欢"抱团"的特点，且受到文化和时间成本的限制，互动适应并不容易提高。在互动适应短时间难以实现的前提背景下，本部分的结论证实，企业组织在员工心理授权方面所做的努力，可以在一定程度上对互动适应的影响产生替代。

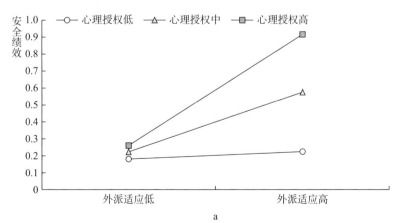

a

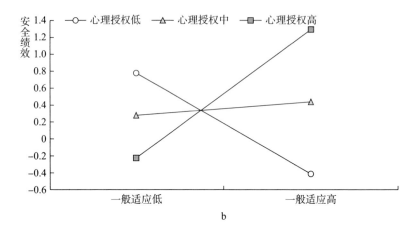

b

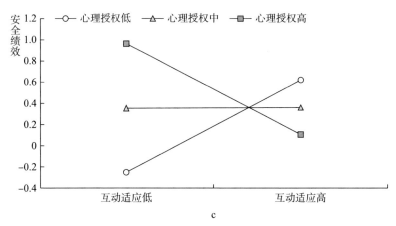

c

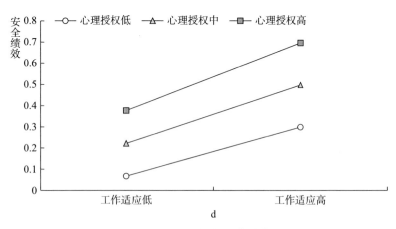

d

图 5-3 心理授权调节效应

（三）主要结论

本节在海外施工企业（项目）的情境下，检验了心理授权对外派适应和员工安全绩效的调节效应，得出以下结论。

第一，外派适应对员工安全绩效存在显著正向影响，互动适应和工作适应均对安全绩效产生影响，证实了外派适应能力是强化海外派遣员工安全绩效的关键要素，尤其是在施工企业中，外派员工的互动适应和工作适应对安全绩效发挥着重要作用。

第二，心理授权及其子因子工作意义、自主性对安全绩效有正面效应。对于施工企业而言，外派员工更重视外派工作的意义以及企业给予的现场指导的话语权，因而中国跨国施工企业应当鼓励外派员工拥有更大的自主权和能动性，并且帮助他们意识到自己外派工作的意义所在，激发自我效能，从而提升外派员工的安全绩效。

第三，心理授权正向调节了外派适应对员工安全绩效的正向影响。更进一步，心理授权与工作适应存在互补效应，即感知心理授权越高，工作适应与安全绩效之间的正向关系越强；心理授权与互动适应存在替代效应，即感知心理授权越高，互动适应与安全绩效之间的正向关系越弱。虽然互动适应对安全绩效的正向影响毋庸置疑，但考虑到中国跨国企业人员普遍具有外派周期短（平均 1～3 年）、喜欢"抱团"的特点以及文化等因素，外派员工生活中多会采用回避策略，互动程度和适应水平不容易提高。本部分的结果说明在海外派遣中，心理授权可以至少在一定程度上替代完成互动适应对安全绩效的正向影响。心理授权、外派适应和安全绩效间的作用路径和系数如图 5-4 所示。

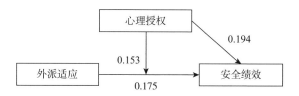

图 5-4 心理授权、外派适应和安全绩效关系系数

四 心理授权的被调节中介效应检验

(一) 中介效应检验

前文数据分析结果再次证明了将外派适应进一步细分为一般适应、互动适应和工作适应的必要性，需要进一步检验各维度与员工安全绩效的中介效应。在控制了人口统计特征变量后，使用 PROCESS 宏的 Model 6 检验进行中介效应回归，表 5－12 列示了所有在 95% 的置信水平上显著的中介路径。可以发现，工作适应与安全绩效显著正相关（系数为 0.1571，p < 0.05），表明外派员工的工作适应对安全绩效具有直接的正向影响，假设 H1.2.3 成立。一般适应、互动适应是工作适应的前因变量，系数分别为 0.5979 和 0.4654，均在 1% 的水平下显著正相关，支持假设 H3.3，同时在中介效应中发现存在 "一般适应→工作适应→安全绩效" "互动适应→工作适应→安全绩效" 的路径，系数分别为 0.0166（LLCI = 0.0005，ULCI = 0.0521，不包含 0）和 0.0731（LLCI = 0.0119，ULCI = 0.1573，不包含 0），结果支持假设 H3.3.1 和 H3.3.2，代表工作适应是一般适应/互动适应和安全绩效的中介变量。另外，中介效应还存在两条路径 "一般适应→互动适应→工作适应→安全绩效"（LLCI = 0.0076，ULCI = 0.0924，不包含 0）和 "互动适应→一般适应→工作适应→安全绩效"（LLCI = 0.0006，ULCI = 0.0491，不包含 0），也通过工作适应对安全绩效产生显著间接影响，可以认为工作适应是影响安全绩效最直接的变量。

表 5－12　外派适应与安全绩效的中介效应分析

	路径	系数	LLCI	ULCI	检验结果
直接效应	工作适应→安全绩效	0.1571 **	0.0346	0.2795	显著
中介效应	一般适应→工作适应	0.5979 ***	0.5275	0.6683	显著
	互动适应→工作适应	0.4654 ***	0.3324	0.5985	显著
	一般适应→工作适应→安全绩效	0.0166	0.0005	0.0521	显著
	互动适应→工作适应→安全绩效	0.0731	0.0119	0.1573	显著

续表

	路径	系数	LLCI	ULCI	检验结果
中介效应	一般适应→互动适应→工作适应→安全绩效	0.0437	0.0076	0.0924	显著
	互动适应→一般适应→工作适应→安全绩效	0.0150	0.0006	0.0491	显著

注：*** 表示在 1% 的水平下显著，** 表示在 5% 的水平下显著。

（二）调节效应检验

表 5 – 13 模型 1 考察了心理授权与安全绩效的关系，结果显示，心理授权与安全绩效显著正相关，表明外派员工的心理授权对安全绩效具有正向影响，假设 H3.1 成立。表 5 – 13 模型 2 检验了心理授权在工作适应与安全绩效关系中的调节效应。将变量中心化后的交互项对安全绩效进行回归检验，发现工作适应、心理授权以及交互项（系数为 0.022，$p < 0.05$）均与安全绩效显著正相关，表明心理授权在两者之间的调节效应显著，假设 H3.2.3 得到验证，外派员工的心理授权调节了工作适应和安全绩效之间的关系。

表 5 – 13　心理授权对工作适应和安全绩效的调节效应分析

模型 1		模型 2	
心理授权	0.297***	工作适应	0.137**
		心理授权	0.176**
		工作适应×心理授权	0.022**
R^2	0.180	R^2	0.285
ΔR^2	0.155	ΔR^2	0.244
F 值	7.280***	F 值	6.938***

注：*** 表示在 1% 的水平下显著；** 表示在 5% 的水平下显著。限于篇幅，控制变量未列出。

为了进一步验证该假设并直观地展示心理授权的调节作用，采用 Cohen（2005）提出的方法，以高于均值一个标准差和低于均值一个标准差为基准描绘了不同心理授权感知的员工在工作适应时的安全绩效的差异，结果如图 5 – 5 所示。在图 5 – 5 中，高心理授权的斜率大于低心理授权的斜率，表明心理授权水平越高，工作适应与安全绩效之间的关系越强；心理授权水平越低，工作适应与安全绩效之间的关系越弱，即心理授权强化了工作适应与安全绩效之间的关系，假设 H3.2.3 得到验证。

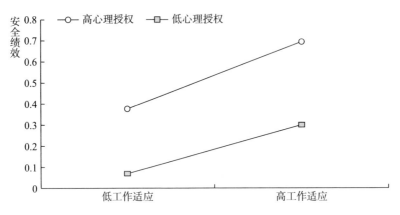

图 5-5　心理授权的调节作用

H3.4 假设了心理授权对外派适应子因子和安全绩效之间的调节效应。根据温忠麟等（2006）的四步判断法检验被调节的中介效应，结果如表 5-14 所示。互动适应在模型 1 和模型 2 中的系数均显著（系数分别为 0.275 和 0.103，p 均小于 0.01），同时模型 3 中工作适应的系数 0.114（p < 0.1）显著，证明了工作适应的中介效应显著，将工作适应与心理授权的交互项加入模型 4 中，其系数 0.142（p < 0.1）依旧显著，由此可以得出，当自变量为互动适应时，整个模型存在被调节的中介作用。而自变量为一般适应时，可以发现模型 3 和模型 4 中的工作适应变量的系数分别为 0.091 和 0.094，均不显著，因此不存在被调节的中介作用。

表 5-14　被调节的中介效应分析

变量	工作适应	安全绩效		
	模型 1	模型 2	模型 3	模型 4
自变量				
一般适应	0.451 ***	0.138 ***	0.087 *	0.100 *

续表

变量	工作适应		安全绩效					
	模型 1		模型 2		模型 3		模型 4	
互动适应		0.275 ***	0.103 ***		0.072 *		0.068 *	
中介变量								
工作适应					0.091	0.114 *	0.094	0.120 *
调节变量								
心理授权	0.373 ***	0.409 ***	0.232 ***	0.231 ***	0.198 ***	0.185 ***	0.193 **	0.181 **
工作适应 × 心理授权							0.152 *	0.142 *
R^2	0.503	0.407	0.210	0.204	0.216	0.216	0.229	0.227
F 值	29.248 ***	19.788 ***	7.678 ***	7.391 ***	7.059 ***	7.028 ***	6.799 ***	6.706 ***

注：*** 表示在 1% 的水平下显著，** 表示在 5% 的水平下显著，* 表示在 10% 的水平下显著。限于篇幅，控制变量未列出。

(三) 研究结论

在海外施工企业（项目）的情境下，进一步细化外派适应各维度，检验各维度（一般适应、互动适应和工作适应）、心理授权对员工安全绩效的影响，得出如下结论。

第一，工作适应对员工安全绩效存在显著正向影响，且是一般适应或互动适应与安全绩效关系的中介变量，证实了工作适应能力是直接影响海外派遣员工安全绩效的关键要素，一般适应和互动适应通过影响工作适应对安全绩效产生影响，即存在"一般适应→工作适应→安全绩效"和"互动适应→工作适应→安全绩效"的路径，外派适应各维度之间存在相互影响。结合表 5 - 11 的回归结果，虽然一般适应与安全绩效之间的关系并不显著，但是一般适应可以通过工作适应对安全绩效产生正面影响，并且根据图 5 - 3b 可知，心理授权与一般适应存在互补效应。

第二，心理授权对安全绩效具有正面效应，且正向调节了工作适应对员工安全绩效的正向影响，更进一步，它正向调节了互动适应→工作适应→安全绩效之间的中介关系。结合表 5 - 11 的回归结果，可以得出综合结论。

一是，心理授权正向调节了外派适应对员工安全绩效的正向影响。具体而言，心理授权正向调节了工作适应与安全绩效之间的正向影响，感知心理授权越高的员工，其工作适应与安全绩效之间的正向关系越强。

二是，心理授权与互动适应存在替代效应，感知心理授权越高的员工，其工作适应与安全绩效之间的正向关系越弱。但是考虑到互动适应是工作适应的前因变量，互动适应可以改善工作适应，进一步改善安全绩效，而心理授权对该过程具有正向调节作用。这意味着单独考虑互动适应的话，心理授权是替代效应；但是综合考虑互动适应和工作适应时，互动适应通过工作适应对安全绩效的影响路径受到心理授权的正向调节。该结论可以得出三方面含义：第一，心理授权与工作适应的互补关系显著，无论工作适应的前因变量如何，工作适应越强、心理授权感知水平越高的员工，其安全绩效水平越高；第二，单纯的互动适应可以由心理授权替代，即可以通过给不乐意互动适应的员工更高心理授权的方式，催生其自主能动性，进而提升安全绩效；第三，考虑到心理授权对互动适应→工作适应→安全绩效这一路径的正面调节作用，相较于不乐意互动适应的员工而言，互动适应程度较好的员工还有另外一条提升安全绩效的路径。企业应该提供一些社会支持和团队建设活动等，比如与东道国员工庆祝本地节日、定期聚餐等，帮助中国员工融入当地生活，从而有利于项目建设中的相互理解和配合，进一步提高安全绩效。

综合前述二者结论，可以得出以下结论。①企业一方面应该建立适当的筛选机制，挑选具有较强外派适应能力的员工，以尽可能从源头上减少适应冲突、安全失误以及其他问题；另一方面应该通过培训和保障机制，帮助外派员工适应工作、东道国文化和生活。尤其是工作适应能力是影响海外派遣员工安全绩效的关键要素。②充分重视心理授权的正向影响，给海外施工企业员工更多的决策自由，鼓励员工承担更多的挑战和责任，激发其自豪感，以实现对组织的认同和依附，从而对组织报以更高的安全绩效承诺。互动适应、工作适应、心理授权和安全绩效间的作用路径和系数如图 5 - 6 所示。

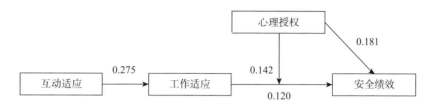

图 5 - 6　互动适应、工作适应、心理授权和安全绩效关系系数

第四节　外派管理实践、外派适应与安全绩效分析

本部分需要检验外派适应对外派管理实践与安全绩效的中介效应。本部分共有四个假设需要检验：外派适应对安全绩效具有显著的正向影响（H1.2）；外派管理实践对安全绩效具有显著的正向影响（H4.2）；外派管理实践对外派适应具有显著的正向影响（H4.1）；外派适应在外派管理实践和安全绩效之间起中介作用（H4.3）。

一　描述性统计

本节采用第二次调查问卷回收的 482 个有效样本进行分析。表 5 - 15 报告了本部分所涉及变量的均值、标准差、相关系数，结果显示，安全绩效与外派适应（系数为 0.34，$p < 0.01$）、外派管理实践（系数为 0.40，$p < 0.01$）呈现显著的正相关关系，与本章的理论预期一致。

表 5 - 15　变量均值、标准差以及变量间的相关系数

变量	均值	标准差	性别	年龄	婚姻状况	受教育程度	已外派时间	收入	外派适应	外派管理实践	安全绩效
性别	1.08	0.28	1								
年龄	1.97	0.73	0.15 **	1							

续表

变量	均值	标准差	性别	年龄	婚姻状况	受教育程度	已外派时间	收入	外派适应	外派管理实践	安全绩效
婚姻状况	1.44	0.50	0.05	0.18 **	1						
受教育程度	2.88	0.49	0.11 *	− 0.15 **	− 0.01	1					
已外派时间	2.46	0.85	0.00	0.62 **	0.57 **	− 0.14 **	1				
收入	2.52	0.63	0.07 **	0.37 **	0.36 **	0.02	0.48 **				
外派适应	3.85	0.45	0.17 **	0.07	0.04	0.08	0.06	− 0.12 **	1		
外派管理实践	3.61	0.53	0.17 *	0.03	− 0.08	0.01	− 0.03	− 0.08	0.62 **	1	
安全绩效	4.14	0.43	0.24 **	− 0.11 *	− 0.07	− 0.03	− 0.07	− 0.01 **	0.34 **	0.40 **	1

注：$N = 482$。对性别来说，男性 = 1，女性 = 2；对婚姻状况来说，未婚 = 1，已婚 = 2；对受教育程度来说，高中/中专及以下 = 1，大专 = 2，本科 = 3，硕士研究生及以上 = 4。 ** 、 * 分别表示 $p < 0.01$、$p < 0.05$（双尾检验）。

二 验证性因子分析

遵循验证性因子分析步骤，用外派适应的 3 个分维度分数和外派管理实践的 4 个分维度分数分别作为其观察指标，同时按照题项—构念平衡法将安全绩效题项分别打包为 3 个指标，最后进行验证性因子分析。表 5 - 16 报告了假设模型以及其他 3 种替代模型的拟合指数，结果显示，观测数据与假设模型（三因子模型）之间的拟合度最好〔$\chi^2 (32) = 96.73$，RMSEA = 0.08，CFI = 0.97，TLI = 0.96，GFI = 0.93〕，显著优于备选的二因子和单因子模型。因此，三因子模型能够更好地代表测量的因子结构，变量的区分效度得到验证。

表 5 - 16 测量模型的比较

模型	χ^2	df	$\Delta\chi^2$	χ^2/df	GFI	TLI	CFI	RMSEA
三因子模型	96.73	32		3.02	0.93	0.96	0.97	0.08
二因子模型								
外派适应和外派管理实践并入一个因子	142.37	34	45.64	4.19	0.89	0.93	0.95	0.12

续表

模型	χ^2	df	$\Delta\chi^2$	χ^2/df	GFI	TLI	CFI	RMSEA
外派适应和安全绩效 并入一个因子	813.81	34	717.08	23.94	0.61	0.512	0.631	0.31
单因子模型	832.62	35	735.89	23.79	0.62	0.52	0.62	0.31

三 外派适应的中介效应检验

(一) 外派管理实践、外派适应与安全绩效

根据理论假设构建多元回归模型，并控制了人口统计特征变量，回归结果如表 5 - 17 所示。其中，模型 1 和模型 2 分别表示外派适应和外派管理实践对安全绩效的回归结果，结果显示，外派适应（系数为 0.304）和外派管理实践（系数为 0.289）均在 1% 的水平下与安全绩效显著正相关，支持假设 H1.2 和 H4.2。在子因子的回归分析中，工作适应（系数为 0.387）、回任发展（系数为 0.158）均在 1% 的水平下与安全绩效显著正相关，工作促进（系数为 0.061）在 5% 的水平下与安全绩效显著正相关，其余子因子与安全绩效虽然关系为正，但并不显著，假设 H1.2.3 和 H4.2.1、H4.2.3 得到验证。

模型 3 表示外派管理实践对外派适应的回归结果，发现外派管理实践与外派适应在 1% 的水平下显著正相关（系数为 0.510），且福利支持（系数为 0.253，p < 0.01）、回任发展（系数为 0.075，p < 0.05）和工作促进（系数为 0.177，p < 0.01）均有显著正面效应，表明外派管理实践能够提高外派员工对东道国文化环境的适应能力，假设 H4.1 得到验证。在子因子的检验过程中，外派管理实践与一般适应、互动适应和工作适应均在 1% 的水平下显著正相关（系数分别为 0.636、0.553、0.342），假设 H4.1.1、H4.1.2、H4.1.3 得到验证。更进一步发现，福利支持对一般适应（系数为 0.540，p < 0.01）和工作适应（系数为 0.172，p < 0.01）均具有显著的正面效应，回任发展对一般适应（系数为 0.066，p < 0.1）和互动适应（系数为 0.109，p < 0.05）均具有显

著的正面效应，工作促进对一般适应（系数为 0.145，p < 0.01）、互动适应（系数为 0.297，p < 0.01）和工作适应（系数为 0.088，p < 0.01）均具有显著正面效应，社会支持对一般适应（系数为 0.061，p < 0.1）和互动适应（系数为 0.039，p < 0.1）均具有显著的正面效应。

（二）中介效应检验分析

在表 5 - 17 模型 4 的回归中，外派管理实践（系数为 0.144，p < 0.05）、外派适应（系数为 0.215，p < 0.01）均与安全绩效显著正相关。结合模型 2 和模型 3 的结果，表明外派适应部分中介了外派管理实践与员工安全绩效之间的正向关系，假设 H4.3 得到证明。进一步，按照 MacKinnon 等（2004）的建议，使用 Bootstrap 方法并利用 SPSS 22.0 的 PROCESS 宏对中介路径的显著性进行细化检验，结果显示，外派管理实践对安全绩效的直接效应是 0.144，通过外派适应对安全绩效的间接效应是 0.0736，置信区间为 [0.0219，0.1347]，并且在 95% 的置信水平上显著。这意味着外派员工的外派适应能力在外派管理实践和安全绩效间的部分中介效应有统计学意义，而且是正向效应。

进一步检验外派管理实践和外派适应子因子与安全绩效之间的关系。如表 5 - 17 模型 4 所示，只有工作适应（系数为 0.350）在 5% 的水平下通过了显著性检验，结合模型 1 ~ 3，可以认为工作适应在海外施工企业的外派管理实践和安全绩效之间起中介作用，支持假设 H4.3.3。为了更详细地探究中介作用路径，使用 PROCESS 宏的 Model 6 对外派管理实践和外派适应子因子进行检验，同样发现，外派管理实践对一般适应和互动适应的影响是通过工作适应发挥作用，最终对安全绩效产生影响。表 5 - 18 列示了所有在 95% 的置信水平上显著的中介路径。

表 5－17 外派适应对外派管理实践和安全绩效的中介效应检验

变量	模型1 安全绩效		模型2 安全绩效		模型2 外派适应		模型3 一般适应		模型3 互动适应		模型3 工作适应		模型4 安全绩效	
	总因子	子因子	总因子	子因子	总因子	子因子	总因子	子因子	总因子	子因子	总因子	子因子	总因子	子因子
截距	0.134	0.228	0.056	0.029	-0.322**	-0.322**	-0.069	-0.129	-0.381**	-0.317*	-0.513***	-0.519***	0.102	0.213
控制变量														
性别	0.367***	0.360***	0.347***	0.327***	0.082	0.160**	-0.070	0.064	0.209**	0.273**	0.106*	0.142*	0.335***	0.315***
年龄	-0.142***	-0.128***	-0.125***	-0.114***	0.068**	0.062**	0.041	0.037	0.146***	0.135***	0.020	0.016	-0.135***	-0.122***
婚姻状况	-0.118**	-0.089*	-0.060	-0.037	0.148***	0.120**	0.236***	0.168***	0.187***	0.194***	0.023	0.000	-0.081*	-0.043
受教育程度	-0.087**	-0.115**	-0.064*	-0.059	0.078**	0.08**	0.015	0.056	0.082	0.036	0.137***	0.148***	-0.075*	-0.107*
已外派时间	0.072**	0.052	0.060*	0.050	-0.027	-0.019	-0.069	-0.035	-0.050	-0.068	0.035	0.045	0.064*	0.041
收入	-0.002	-0.014	-0.025	-0.022	-0.108***	-0.131***	-0.060*	-0.130***	-0.204***	-0.183***	-0.061*	-0.080*	-0.010	-0.017
自变量														
外派适应	0.304***												0.215***	
一般适应		0.046												0.069
互动适应		0.022												0.046
工作适应		0.387***												0.350**
外派管理实践			0.289***		0.510***		0.636***		0.553***		0.342***		0.144***	
福利支持				0.158**		0.253***		0.540***		0.046		0.172***		0.238***
回任发展				0.028		0.075**		0.066*		0.109**		0.054		

续表

变量	模型1 安全绩效 总因子	模型1 安全绩效 子因子	模型2 安全绩效 总因子	模型2 安全绩效 子因子	模型2 外派适应 总因子	模型2 外派适应 子因子	模型3 一般适应 总因子	模型3 一般适应 子因子	模型3 互动适应 总因子	模型3 互动适应 子因子	模型3 工作适应 总因子	模型3 工作适应 子因子	模型4 安全绩效 总因子	模型4 安全绩效 子因子
自变量														
工作促进		0.193 ***		0.061 **		0.177 ***		0.145 ***		0.297 ***		0.088 ***		
社会支持				0.008		0.019		0.061 *		0.039 *		0.042		
R^2	0.222	0.222	0.223	0.235	0.426	0.464	0.412	0.527	0.323	0.354	0.288	0.299	0.236	0.271
ΔR^2	0.207	0.207	0.211	0.219	0.417	0.452	0.403	0.517	0.313	0.340	0.278	0.284	0.223	0.256
F值	16.20 ***	14.94 ***	19.42 ***	14.47 ***	50.22 ***	40.71 ***	47.47 ***	52.43 ***	32.35 ***	25.83 ***	27.44 ***	20.11 ***	18.27 ***	17.53 ***

注: *** 表示在1%的水平下显著, ** 表示在5%的水平下显著, * 表示在10%的水平下显著。

表 5 – 18　外派管理实践、外派适应与安全绩效的中介结果分析

路径	系数	LLCI	ULCI	检验结果
直接效应：外派管理实践→安全绩效	0.2384***	0.1557	0.3212	显著
中介效应				
外派管理实践→一般适应→工作适应→安全绩效	0.0295	0.0122	0.0535	显著
外派管理实践→一般适应→互动适应＞工作适应→安全绩效	0.0441	0.0276	0.0696	显著
外派管理实践→互动适应＞工作适应→安全绩效	0.0251	0.0075	0.0534	显著
外派管理实践→工作适应→安全绩效	0.0209	0.0028	0.0463	显著

注：*** 表示 1% 的显著性水平。

（三）主要结论

在海外施工企业（项目）的情境下，综合考虑了外派管理实践和外派适应对员工安全绩效的影响，研究结果如下。

第一，外派适应对员工安全绩效存在显著正向影响。结合前面回归结论，发现多样本检验均证实了外派适应能力是影响海外派遣员工安全绩效的要素。外派员工对海外生活的适应能力特别是工作适应能力越强，其安全绩效水平越高。

第二，外派管理实践能够提升外派员工的外派适应能力。具体而言，所有的子因子（福利支持、回任发展、工作促进和社会支持）均与一般适应显著正相关，回任发展、工作促进、社会支持与互动适应显著正相关，福利支持和工作促进与工作适应显著正相关。这代表母公司最应该关注外派管理实践的工作促进内容（比如明确职责和绩效考核、提供详细的外派管理手册和更广泛的专家支持等），因为该部分内容能够改善和提高外派员工的一般适应能力、互动适应能力和工作适应能力。

第三，外派管理实践不仅直接对员工安全绩效产生正向影响，更能够通过影响员工的外派适应能力（尤其是工作适应能力），对员工安全绩效产生间接影响。同时，在外派适应子因子的中介回归分析中，再次发现一般适应和互动适应通过工作适应对安全绩效产生影响

的经验证据。外派管理实践、外派适应和安全绩效间的作用路径和系数如图5-7所示。

图5-7　外派管理实践、外派适应和安全绩效关系系数

第五节　本章小结

综合本章所有的假设和回归结果，可以描绘主要变量的关系图，如图5-8所示。

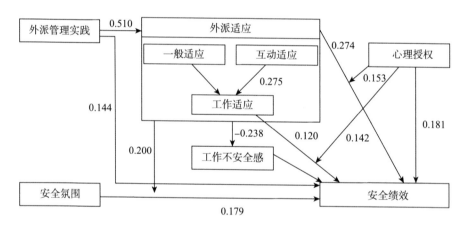

图5-8　主要变量关系

注：由于样本量不同，或者变量关系不同，某些变量间系数有所不同，但是基本方向和显著性并未发生改变。

根据图5-8和本章主要研究结论，绘制表5-19和表5-20。表5-19汇集了对安全绩效产生直接影响的子因子，可以看出，在安全氛围中，领导承诺和安全意识对安全绩效的影响较为显著。工作适应是外派适应中与安全绩效最为显著的子因子。外派员工的工作不安全感子因子中，对回任安排的担忧能够对安全绩效产生显著影响。心理授权子因子中，工作意义和自主性感知最能够影响外派员工的安全绩效。

表 5-19 对安全绩效存在直接影响的变量结果汇总

变量	子因子	方向
安全氛围	领导承诺	+
	安全意识	+
外派适应	工作适应	+
工作不安全感	回任安排	-
心理授权	工作意义	+
	自主性	+

注：外派适应中只有工作适应子因子在多次检验中的显著性稳健。

表 5-20 汇集了主要变量间的路径，可以看出，对于海外的施工企业而言，外派员工的外派适应是安全绩效关键的前因变量，尤其是工作适应。外派管理实践能够通过改善外派适应来影响安全绩效，同时外派适应又调节了安全氛围和安全绩效的关系，可以认为组织支持，包括母国公司和海外子公司提供的组织支持或直接或间接地影响了外派员工的适应能力，从而改变了他们对当地组织安全氛围的感知。更进一步，心理授权感知能够调节外派适应和安全绩效的关系，可以认为在相同外派适应能力前提下，心理授权感知较高的员工，拥有更高的安全绩效。该结论再次证明了在影响员工行为的众多因素中，心理授权是除了能力、意志、身体条件和社会关系等因素之外的一个重要的关键因素（Fredrickson and Losada，2005）。

表 5-20 主要路径汇总

变量	路径	方向
外派管理实践	直接效应：外派管理实践→安全绩效	+
	中介效应：外派管理实践→外派适应→安全绩效	+
	外派管理实践→工作适应→安全绩效	+
	其中，一般适应和互动适应是工作适应的前因变量	

续表

变量	路径	方向
安全氛围	直接效应：安全氛围→安全绩效	+
	调节变量：外派适应	+
外派适应	直接效应：外派适应→安全绩效	+
	中介效应：外派适应→工作不安全感→安全绩效	−
	调节变量：心理授权	+
	其中，心理授权与工作适应存在互补效应，与互动适应存在替代效应	
	一般适应可以通过工作适应对安全绩效产生正面影响	+
	心理授权调节了互动适应→工作适应→安全绩效的中介关系	+

| 第六章 |

研究结论与实践启示

第一节　研究结论

本书运用问卷调查方法，结合分析软件对中国跨国施工企业的安全绩效进行了分析。现有关于施工企业安全绩效的研究多数基于本土背景，探究安全氛围、工作不安全感对安全绩效的影响，鲜有思考跨文化情景下的外派员工表现。外派员工所处的社会环境和组织环境比较复杂，个体的跨文化适应能力存在差异，其工作不安全感和组织支持感均有所不同。为此本书拓展和深化了自我决定理论和资源交换理论等在外派安全领域的应用，分别从员工内部（心理授权）和外部（外派管理实践）考量其对跨文化适应能力的影响，较为系统地描绘了中国跨国施工企业员工的安全绩效因素及其形成的内在机理。具体而言，本书主要得出以下结论。

一　员工个体心理特征显著影响安全绩效

（一）外派适应是安全绩效的重要前因变量

1. 外派适应的积极效应

（1）外派适应显著影响安全绩效

施工企业（项目）的生活工作条件相对艰苦，医疗水平和社会治安环境可能较差，外派员工的情感诉求和跨文化适应压力可能更大，尤其是整个施工流程需要遵循详细的安全生产要求，表现出较大的工作强度、必须按时完成项目的压力等。虽然大部分研究关注并普遍认同外派适应整体和外派绩效之间的正相关关系（Parker and McEvoy，1993），但鲜有研究关注安全绩效领域。为此，本书的贡献之一是补充了外派适应提升安全绩效的经验证据。

为了满足计量模型的要求，本书多次多样本地检验了外派适应和安全绩效的关系，发现外派适应与安全绩效的关系均通过了显著性检验，可以认为二者之间的关系较为恒定。外派适应能力较强的海外派遣员工，能够表现出较高的外派绩效，证实了外派适应对安全绩效具有显著的正向影响。外派适应能力是影响海外派遣员工安全绩效的关键要素。

（2）工作适应是关键子维度

大部分国内外研究证实，外派员工面临的最严重压力是工作压力，但也有研究认为中方外派管理人员在海外最显著的跨文化适应压力是社交压力（何蓓婷、安然，2019）。为此，本书细化了跨文化适应的维度，详细分析了各维度对安全绩效的贡献，结果发现，施工企业外派员工的工作适应与安全绩效表现出显著相关，工作适应是强化海外派遣员工安全绩效的关键子要素。而一般适应和互动适应均是通过影响工作适应来影响安全绩效，即存在"一般适应→工作适应→安全绩效"和"互动适应→工作适应→安全绩效"的路径。以上研究证实，在安全领域中，需要首要关注外派员工在跨文化适应中的工作压力。

进一步的研究探究了外派管理实践对跨文化适应的影响，发现存在外派管理实践→外派适应→安全绩效的路径，即组织提供的各种支持资源能够提升员工外派适应能力，并对安全绩效产生积极影响。在具体的外派适应子维度分析中，发现外派管理实践对一般适应和互动适应的影响均通过作用于工作适应影响安全绩效。该结论体现了施工企业的特点。因为施工企业的工作任务导向十分明确，只有在施工现场认真严格地执行安全流程、遵循必要的安全措施和制度，才能保障施工安全，提高员工的安全绩效。与此同时，由于工作任务繁重，施工企业外派员工的业余时间可能较少，加之东道国艰苦的环境，他们的业余活动范围受限、生活单调，较难融入东道国的文化圈子，这些均弱化了外派员工一般适应和互动适应的内在动力，造成二者对安全绩效的作用效果并不明显。该研究补充了安全领域在中国跨国企业情境中的新证据。

2. 工作不安全感的负面效应

（1）工作不安全感降低安全绩效

工作不安全感本质上是建立在员工对当下工作环境的认知及解释基础上的一种主观心理现象，会在个体工作中不断消耗其心理资源，产生疲惫、焦虑和抑郁等心理问题（易涛、栗继祖，2021）。现有大部分研究证实了工作不安全感确实减少了员工遵守安全生产规则的行为（Masia and Pienaar，2011；Guo et al.，2019），但较少探究工作不安全感的各个维度与员工安全绩效的关系。在外派研究中，工作不安全感一般分为工作丧失、薪酬福利、回任安排和工作能力四个方面。

本书发现，中国施工企业的外派员工存在一定程度的工作不安全感，它显著降低了员工安全绩效。其中，对回任安排方面的担忧最甚，影响到个体行为，对安全绩效产生负面影响。该结论从侧面支持了外派领域的已有观点，即员工为了更好地发展选择外派，去面对跨文化冲突和各种压力，他们希冀组织能给予同等的回报。组织应该尊重和重视外派员工的回任意愿以及归国后的一系列发展。这也是社会交换理论的互惠原则在外派领域中的现实表现。

（2）外派适应能够通过改善工作不安全感提高安全绩效

本书发现，外派适应能够降低施工企业外派员工的工作不安全感，具体包括外派员工的薪酬福利、回任安排、工作能力这三个方面的不安全感，但是能够增强外派员工对工作丧失的不安全感。对于外派员工而言，工作丧失意味着丧失外派机会，提前或者被动回国。担忧工作丧失意味着外派员工并不希望结束短期派遣。该结论支持了何蓓婷和安然（2019）的研究。他们的访谈结果同样显示，虽然外派工作很枯燥和令人感到孤独，但外派员工很少真正实施离职，因为大多数外派员工希望通过外派锻炼和提升自我。上述结论从侧面反映出外派员工有积极面对负面情绪和困难的勇气。

综合前述两部分，证明外派适应能够降低外派员工的工作不安全感，进而改善员工的安全绩效。换言之，外派员工的适应能力除了直接影响安全绩效外，还能够通过影响外派员工的工作不安全感对安全绩效产生影响，发挥部分中介效应。因此，外派员工的跨文化适应能力是一种宝贵的资源，是甄选外派员工的重要条件。

（二）心理授权对安全绩效产生影响

1. 心理授权的积极效应

除了适应新文化环境外，外派员工需要自我调整，将有压力的情况转变成挑战而不是威胁（Blascovich et al. , 2003），从而在新文化环境中感到主观幸福感或满足感（Ward and Kennedy，1996）。拥有心理授权的外派员工可以发挥自我效能，将外部活动整合和内化。目前大部分研究关注本土样本，鲜少关注心理授权在外派员工中的作用。本书的研究结论证实了心理授权对外派员工的安全绩效具有显著的正向影响。换言之，中国跨国施工企业的外派员工拥有的心理授权越高，个人安全绩效越有保障。

2. 子维度工作意义和自主性能够显著影响安全绩效

在心理授权子维度的实证分析中，发现工作意义、自主性均与安全绩效显著正相关，并且自主性对安全绩效的正面影响更大。该实证结果再次体现了施工项目的特点。施工项目除了有标准化的安全流程和指南外，也需要现场的安排和调整，拥有更多自主性的外派员工，能够最大限度地激发外派员工的工作主动性与安全意识，维护现场安全。

与此同时，工作意义包括社会价值与自我价值。对于施工企业的外派员工而言，外派工作本身就具有很高的社会价值，不仅可以满足企业跨国发展和国际战略布局的要求，更能够为共建"一带一路"国家的共同发展、合作贡献自己的力量。在项目建设过程中，通过弘扬生态文化、倡导绿色生活、共建生态文明，不断认同自我价值；传播数千年中华民族之精华，树立国之形象，积极履行社会责任，带动当地就业，展现可敬、可信、可钦，且具备国际竞争力的一流中国企业形象，推动经济全球化平衡、包容、和谐发展。对外派工作意义高度认可的员工，激发了自我满足感，进而提升了外派员工的工作能力与安全水平。本书的结论支持了加强海外施工项目文化建设的重要性。除了树立科学的管理理念外，企业还需要坚持培育和倡导核心价值，加强精神文化建设，为海外项目提供组织保障。

二 内外资源共同助力安全绩效改善

组织支持是应对跨文化适应压力的社会支持资源（何蓓婷、安然，2019）。理论界和实践界高度重视外派工作的组织作用，验证了组织支持感与员工外派适应和外派绩效显著正相关。组织支持作为外部资源并不是直接对员工工作投入产生影响，而是通过员工的心理感知和评价起作用，因此，需要进一步明确组织支持政策对员工内在动力的作用机制，以最大限度地降低外派员工的不确定性（马跃如、郭小闻，2020）。为此，学界强调了心理授权的重要作用。徐细雄和淦未宇（2011）提出心理授权在组织支持契合与组织承诺之间起到桥梁作用，组织支持通过改变雇员心理授权状态来影响组织承诺。但是上述关系在外派员工中是否存在还值得进一步研究。因此，本书结合积极心理学和组织支持理论，同时探索了组织支持（外派管理实践）和心理授权对安全绩效的影响机理，剖析了二者对外派员工跨文化适应的作用。

（一）组织支持是重要的社会支持资源

1. 组织支持正向影响外派适应

虽然跨国公司高度重视外派管理，但是对外派管理实践和组织绩效的实证研究并不多，多数学者更关注回任发展（外派管理实践子维度）对外派员工知识转移的积极作用（杨倩玲、白云涛，2017）。也有研究探索了组织支持和员工跨文化适应的关系，但是研究结论并不一致，仍需要进一步检验。为此，本书将施工企业外派项目中的组织支持分为工作促进、回任发展、福利支持、社会支持四个维度，检验了各维度对外派适应和安全绩效的影响。

研究发现，不同类型的组织支持在缓解适应压力的作用上有所差异。工作促进与一般适应、互动适应和工作适应显著相关；社会支持仅与一般适应显著相关，回任发展与一般适应和互动适应相关，福利支持与一般适应和工作适应相关。该结论说明，工作促进方面的组织支持最能影响外派员工的跨文化适应能力。这与前述研究的关注点并不完全一致。已有研究多强调回任发展，因为回任发展能够留住富有国际派遣经验的外派员工。他们可以将东道国先进技术转移到母国，提升母国企业的战略地位。而中国跨国施工企业的外派员工看重工作促进方面的支持，不仅因其对工作能力发展有强有力的支持，更重要的是工作适应与安全绩效紧密相关。工作促进方面的组织支持直接提升了外派员工的工作适应能力，进而保障海外施工项目安全、优质、高效地建成。本书的实证结果再次体现了施工企业的特点，证实了外派管理实践能够主要通过工作适应影响安全绩效。当然，上述四个维度很难割裂开来，最理想的状态是组织提供的四方面支持相互交融，共同作用于外派适应。

2. 安全氛围正向影响安全绩效

（1）安全氛围的积极效应

"走出去"的中国施工企业高度重视施工安全和工程质量，为此会严格工程控制，落实安全生产责任制，弘扬工匠精神，打造精品工程和放心工程。已有研究证明安全氛围的构建能够提升安全绩效。

本书的结果表明，在海外施工项目中，安全氛围的构建对外派员工的个人安全绩效同样具有显著的正向影响。进一步将安全氛围细分为领导承诺、安全环境、高管监督、安全意识，发现领导承诺和安全意识发挥着积极作用，即来自项目经理和公司高管的安全承诺以及个人安全认知，对提高外派员工的安全绩效具有重要作用。该结论是组织支持理论在安全领域的具体运用拓展。中国施工企业的海外项目不仅能够提升企业国际化经营水平，也是企业持续健康发展的自身需要。在面对不同国情、文化和东道国员工时，施工企业需要时刻重视安全氛围的建设，确保项目的顺利推进。

（2）外派适应的调节效应

本书的研究结论表明，外派适应不只是安全绩效的前因变量，更能够调节安全氛围和安全绩效的关系。这意味着安全氛围与外派适应存在互补效应。换言之，在既定的安全氛围情境下，外派员工自身的外派适应能力越强，安全绩效水平越高。

具体到外派适应的子维度，一般适应和互动适应对安全氛围和安全绩效间的调节效应更为显著。前文的研究表明，工作适应是影响安全绩效的关键子维度，一般适应和互动适应均通过工作适应影响安全绩效。综合这两部分的结论，说明一般适应和互动适应虽未直接影响安全绩效，却是对安全绩效研究的有效补充。何蓓婷和安然（2019）认为，外派员工存在很强的"任务导向"和"需求导向"，与本地同事接触频繁，主要目的是寻求信息支持、语言帮助。可以推论，拥有"任务导向"和"需求导向"的施工企业外派员工，除了不断熟悉工作流程、提高工作适应能力外，若能够逐步适应东道国的饮食生活和居住条件、语言文化等，则可以联合安全氛围共同对安全绩效产生积极效应。

（二）内在效能是关键的内部资源

1. 心理授权发挥调节效应

如前文所述，外派员工的跨文化适应能力存在差异。在现有海外派遣的实践中，一般都会选择跨文化适应能力较强的外派员工，并通过组织提供各种支持来帮助外派员工缓解和应对外派压力。然而，学术界越来越关注积极心理的重要性，强调员工的自我效能。为此，本书探究了心理授权与外派员工安全绩效的关系。

研究表明，心理授权对外派员工的安全绩效具有显著的正向影响。将心理授权分为工作意义、影响力、自主性、胜任力四个维度后，发现工作意义、自主性与安全绩效显著正相关。在施工企业的员工文化建设中，要重点增强外派员工对工作意义的认知，同时给予员工一定程度的自主权。

除了直接效应外，心理授权还正向调节了外派适应对员工安全绩效的积极影响，即感知心理授权越高的员工，越能强化外派适应与安全绩效之间的正向关系。具体到子维度，心理授权与工作适应存在互补效应，与互动适应存在替代效应，即心理授权越高的员工，其工作适应与安全绩效之间的正向关系越强，其互动适应与安全绩效之间的正向关系越弱。虽然互动适应对安全绩效的正向影响毋庸置疑，但考虑到中国跨国企业人员普遍外派周期短（平均 1～3 年），其本身的互动程度和适应水平就不容易提高（王亮、牛雄鹰，2018）；同时，具有"需求导向"的外派员工是为了寻求信息支持、语言帮助，才与本地同事接触频繁，潜意识里还是会将自己与东道国剥离，那么心理授权高的员工，自我效能较强，更容易适应工作，而社交方面的需求导向会逐步弱化。本部分的结论说明在海外派遣中，心理授权可以至少在一部分上替代完成互动适应对安全绩效的正向影响。该结论支持了心理授权高的施工企业外派员工在工作方面会更倾向于采取积极主动策略，在生活社交方面采取回避策略。

2. 心理授权的被调节的中介效应

心理授权正向调节了互动适应→工作适应→安全绩效之间的中介关系。互动适应是工作适应的前因变量，互动适应水平提升可以改善工作适应，进一步改善安全绩效，而心理授权对该过程具有正向调节作用。

综合前述研究可以推论：第一，心理授权是外派员工关键的内部资源，与工作适应的互补关系显著，无论工作适应的前因变量（一般适应和工作适应）如何，工作适应越强、心理授权感知水平越高的员工，其安全绩效水平越高；第二，社交压力是外派员工最严重的跨文化压力。虽然本书的研究结论支持心理授权对互动适应的替代效应，即可以通过自我效能去替代社交需求，提升安全绩效，但是"心理授权正向调节了互动适应→工作适应→安全绩效"的被调节的中介路径说明互动适应能力强的员工有一条额外路径来提升安全绩效。因此，即使组织的全方位支持可以让外派员工得以安心"退缩"在舒适区，减轻社交压力，外派员工还是应该通过积极学习语言、调整心态等方式增强互动，逐渐消除不适应带来的负面情绪，对安全绩效产生正面影响。

第二节　实践启示

一　主要建议

海外施工项目是国家战略的现实载体，海外项目体现的不仅是企业形象，更是国家形象。因此，中国施工企业肩负着实施国家发展战略的重要责任，但是工程项目通常具有外部环境的不可控性和内部合约的不完备性，海外施工企业（项目）面临的情况则更加严峻。外派员工需要处理工作和生活、文化的冲突，工作压力巨大，此时需要母公司和海外子公司共同激励外派员工做出更多积极的角色外行为以促进项目成功，具体而言，海外施工企业（项目）实践应注意以下方面。

（一）完善外派员工管理机制

1. 建立适度的筛选和培训机制

跨国企业应该首先挑选具有较强外派适应能力的员工，以尽可能从源头上减少适应冲突、安全失误以及其他问题。除了考量学历、语言能力和外派经验等因素外，施工企业需要测评外派员工的跨文化适应能力，并结合文化差异，通过合适的选拔机制将合适的员工外派到合适的海外机构。

同时，已有研究普遍认同，员工的跨文化适应能力可以通过培训和保障机制得到提高。因此，确定外派员工后，应该在外派初期进行跨文化培训，包括东道国文化、语言、风俗等，尽快帮助外派员工适应东道国的工作、文化和生活，并对当地居民的情感以及思维和行为习惯有深刻认识（林肇宏等，2020）；在外派期间，通过网络教育等方式，定期开展培训，提高员工的跨文化适应能力。

2. 制定完善的组织生活支持保障措施

本书发现组织支持对缓解外派员工的跨文化适应压力有显著作用，能降低工作不安全感，坚定内心，使其安全高效地工作。外派员工本质上并不希望结束短期派遣，而是希望拥有更多的国际企业经营管理经验，不断提高自己的工作能力。为此，首先，组织可以明确外派工作的职责和能力。制定完备的海外工作手册，尤其是合乎东道国要求的企业标识和东道国文化的标准作业制度；提供详细的工作职责和指导、合理的绩效考核标准，健全安全教育培训体系，以帮助外派员工了解具体的工作职责和标准，认真执行安全监督制度，尽快地适应工作。其次，组织可以制定较为合理公平的薪酬考核标准，同时提供家属随行、家属探亲、定期回国探亲等各种福利政策，尽量帮助外派员工解决工作和家庭冲突，提升外派工作的持久吸引力。再次，组织可以加强员工间的互动。一方面，通过团建等方式培养员工间的信任和默契，尤其是与东道国员工之间的了解和认同；另一方面，为中国员工提供集体宿舍，也可以考虑采用与其他中方企业比赛、联谊、共同庆祝节日等方式，增加共同经历，打造文化的舒适圈，减轻社交压力。最后，组织可以考虑聘用属地人才（包括属地中国留学生、属地大学生等），完善属地人才"选、用、育、留"体系，降低外派成本，打破文化壁垒，畅通属地员工成长成才通道，提高人才本地化率。

3. 提供明确的外派工作职位发展路径

公司需要提供明确的工作发展路径，方能吸引并留住国际化人才，因此，组织可以明确申请回国的要求和程序。那些具有较强工作不安全感的员工自身具有强烈的归国意愿，可以在外派初期提供回国职位的申请，比如出国1～3个月内可以申请回国或者在外派工作第一阶段结束后可以申请回国。组织可以明确回任安排的职位等级。结合工作发展需要，在东道国设立相应的职级和服务标准，并明确国内外职级的对应和联通。对于圆满完成外派任务的员工，可以尊重其选择，继续将其外派到其他地区，福利待遇参考年限可以适度提高；对于选择回国任职的员工，提供职位和地区选择，尽量满足外派员工的合理预期以及对未来发展的渴望。

（二）加强海外项目文化建设

1. 加强文化安全意识

海外施工企业需要高度重视安全生产的观念，正确处理安全和发展的关系，坚持安全是底线也是红线的原则，不能有丝毫的疏漏。首先，海外项目要树立科学管理理念，构建海外项目的安全文化和安全氛围，确保项目安全、及时、高效地完工。其次，打造放心工程，严格落实安全生产责任制，弘扬工匠精神，确保公司战略的贯彻执行，打造精品工程。最后，安全意识深入人心，促使外派员工与东道国员工之间形成良性工作关系，通过东道国员工和居民的口口相传，切实树立企业的品牌形象，保障企业的稳健前行。

2. 加强精神文化建设

施工企业需要加强培育和倡导核心价值，加强精神文化建设，以有效发挥工作意义对外派员工的积极效应。本书发现对外派工作意义高度认可的员工，能够激发自我满足感，进而提升自身的工作能力与安全水平。为此，施工企业需要提高员工对海外建设及企业文化的认同度，引导员工意识到其目标并不仅是完成项目，而是通过一个个高质量的项目让东道国认识本国企业的形象，传达中国建造的力量。企业可推动学习型组织的建设，构建学习氛围，鼓励海外员工积极学习海外先进知识和当地制度要求，培育海外人才队伍，以更好地实现个人和企业的目标。

（三）给予外派员工适度权力

1. 提供充分的决策自由

本书的研究发现，虽然外派工作很枯燥和令人感到孤独，但外派员工很少真正离职，甚至会担忧提前归国。因为外派员工希望通过外派实践来提升自我，所以大多数外派员工有积极面对负面情绪和困难的勇气。所以，管理者应充分重视心理授权的正面影响，给予外派员工一定的决策自由，鼓励他们承担更多的挑战和责任，激发其自豪感，以实现对组织的认同、依附和忠诚，从而对组织报以更高的安全绩效承诺。

2. 构建畅通的沟通氛围

相比其他复杂多样的外派管理实践，构建充分尊重员工、听取员工意见的组织氛围不仅更加灵活且成本较低，效果也更加明显。跨国公司可以利用网络技术，构建线上交流平台，帮助员工打造心理舒适区，减少社交冲突，从而可以聚焦本职工作，提升安全绩效。

二 研究局限和展望

本书展示了较为丰富的数据，对深入理解中国施工企业的海外项目安全绩效有一定启示但也有其局限。

（一）局限于施工企业和安全绩效

第一，本书只考虑了施工企业外派员工问题。虽然对同一行业进行逻辑分析和诠释，确保了在个体样本上的理论饱和，但施工企业有其独特的行业特点、组织文化和安全生产等要求，这限制了研究结论的推广及普适性。其他行业企业的中方外派员工是否也呈现类似特征值得进一步探索。

第二，结合施工企业的发展要求，本书仅考量了安全绩效，并未考量其他绩效指标。在安全生产的基础上，施工企业未来会有更多的国际化发展需求，绩效也应该包括更多的衡量方面。

所以，从研究整体性和全面性来看，未来研究可进一步增加其他行业的中国跨国企业外派员工的数据以扩充样本量，也可以从创新绩效和经济绩效等方面不断丰富和完善本书的理论框架，使其达到更广泛意义的饱和。

（二）局限于外派员工

第一，本书发现组织支持和心理授权对外派员工跨文化适应的重要作用，然而本书仅局限于外派员工的视角。虽然在安全氛围中部分涉及了领导承诺问题，但是并没有直接考量三者之间的相互作用和关系，将来可以从领导者视角深入探索，例如区分母国公司管理者、海外子公司管理者、外派员工，并思考三者之间的逻辑关系。

第二，本书并没有将东道国员工考虑在内。随着中国跨国企业的本土人才培养，东道国员工人数会逐渐增加，对跨国绩效的影响比重日益提升。未来可以进一步考虑中国文化情境下的外派员工与东道国员工之间的互动关系，以全面刻画海外企业的安全绩效，解答海外企业组织氛围建设等管理问题。

附　录

附录1　预测试问卷的因子分析

一　安全氛围

安全氛围量表整体 KMO（Kaiser-Meyer-Olkin）值为 0.877，Bartlett 球度检验统计量的观测值相应的概率 p 值均接近 0，说明样本调查指标适合做因子分析。在进行探索性因子分析后，安全氛围保留 26 个题项，但是题项因子归类发生了部分改变，初始量表中原"安全环境"和"安全监督"题项内容合并，原"领导承诺"中有关高管内容单独作为一个因子，如表 1 所示，依次命名为"领导承诺""安全意识""安全环境""高管监督"，其信度分别为 0.952、0.844、0.937、0.873，因素解释累计方差贡献率达到 70.108%，所有题项的因子负载系数均大于 0.4，表现出较好的结构效度。

表 1　安全氛围正式量表题项及探索性因子分析主成分矩阵

题项	因子 1	因子 2	因子 3	因子 4
	领导承诺	安全意识	安全环境	高管监督
1. 项目经理对员工安全培训会投入充足的资金和时间	0.836			

续表

题项	因子 1	因子 2	因子 3	因子 4
	领导承诺	安全意识	安全环境	高管监督
2. 项目经理给员工提供尽可能多的安全教育和培训	0.796			
3. 项目经理在进度紧张时不会放松对员工安全的要求	0.781			
4. 项目会有足够的资源以保证作业环境的安全	0.780			
5. 项目经理给予项目安全管理人员足够权力来管理现场安全	0.778			
6. 公司高管在资金紧张时不会削减重大安全隐患的资金投入	0.748			
7. 项目经理在项目资金不充足时不会消减安全资金的投入	0.713			
8. 公司高管会向全体人员通报公司事故发生情况及调查结果	0.710			
9. 项目会定期召开有关安全管理工作的会议	0.698			
10. 项目经理坚持定期开展安全检查（如亲临现场进行检查）	0.676			
11. 公司高管会重复要求项目经理努力提升项目部的安全绩效	0.668			
12. 每次作业前，都能做机械设备、工具常规检查		0.851		
13. 每次作业时，都能遵守操作规程		0.804		
14. 每次作业时，都能按规定使用个人防护用品		0.792		
15. 每次进入施工现场时，都能注意安全设施		0.757		
16. 每次接触危险源作业时，都能采取保护措施		0.754		
17. 我与组长（主管）会经常讨论安全问题			0.847	
18. 项目安全监管人员配置齐全			0.834	
19. 项目有明确的安全奖励措施			0.800	
20. 我在施工现场要安全施工才能得到同组同事的认同			0.745	
21. 我的组长会关心同事的安全与健康			0.668	
22. 项目安全检查会帮助同事改善作业安全环境			0.591	
23. 我可以随时拿到安全规范上注明的需要使用的工具			0.412	

续表

题项	因子1	因子2	因子3	因子4
	领导承诺	安全意识	安全环境	高管监督
24. 公司高管在制订年度计划时会考虑对安全生产的保障				0.804
25. 公司高管介绍公司时会首先谈到安全及其理念				0.776
26. 公司高管坚持定期开展安全检查（如亲临项目部进行检查）				0.702
方差贡献率（%）	27.521	16.693	14.514	11.380
累计方差贡献率（%）	27.521	44.214	58.728	70.108

注：虽然探索性因子分析结果保留了26个题项，但在项目分析和讨论中，由于部分语言存在重复，因此剔除初始量表（表4-1）中的5个题项（题项22~26），最终保留21个题项。

二 外派适应

外派适应量表整体 KMO 值为 0.772，Bartlett 球度检验统计量的观测值相应的概率 p 值均接近 0，说明样本调查指标适合做因子分析。在进行探索性因子分析后，外派适应保留 14 个题项，如表 2 所示，依次命名为"一般适应""互动适应""工作适应"，其信度分别是 0.909、0.861、0.835，因素解释累计方差贡献率达到 70.706%，所有题项的因子负载系数均大于 0.6，表现出较好的结构效度。

表 2　外派适应正式量表题项及探索性因子分析主成分矩阵

题项	因子1	因子2	因子3
	一般适应	互动适应	工作适应
1. 在海外派遣期间，是否适应当地的生活	0.826		
2. 在海外派遣期间，是否满意居住条件	0.819		
3. 在海外派遣期间，是否适应当地的饮食习惯	0.877		
4. 在海外派遣期间，购物是否便利	0.781		
5. 在海外派遣期间，能否接受生活成本	0.747		
6. 在海外派遣期间，是否有机会参加娱乐活动	0.832		
7. 在海外派遣期间，医疗是否便利	0.827		
8. 在海外派遣期间，是否与当地居民有社交行为		0.895	
9. 在海外派遣期间，是否与当地居民有日常的互动活动		0.880	

续表

题项	因子 1	因子 2	因子 3
	一般适应	互动适应	工作适应
10. 在海外派遣期间，是否与公司以外的当地居民有互动活动		0.870	
11. 在海外派遣期间，是否与当地居民交谈		0.612	
12. 在海外派遣期间，是否了解并承担具体的工作责任			0.825
13. 在海外派遣期间，是否了解工作标准，并满足相应的期望			0.822
14. 在海外派遣期间，是否了解并承担监督责任			0.855
方差贡献率（%）	33.549	21.218	15.939
累计方差贡献率（%）	33.549	54.767	70.706

三　工作不安全感

工作不安全感量表整体 KMO 值为 0.714，Bartlett 球度检验统计量的观测值相应的概率 p 值均接近 0，说明样本调查指标适合做因子分析。在进行探索性因子分析后，工作不安全感量表剔除了 3 个题项，保留 16 个题项，如表 3 所示，依次命名为"工作丧失""薪酬福利""回任安排""工作能力"，其信度分别是 0.917、0.793、0.725 和 0.733，因素解释累计方差贡献率达到 71.289%，所有题项的因子负载系数均大于 0.6，表现出较好的结构效度。

表 3　工作不安全感正式量表题项及探索性因子分析主成分矩阵

题项	因子 1	因子 2	因子 3	因子 4
	工作丧失	薪酬福利	回任安排	工作能力
1. 我担心在我不愿意的情况下离开目前的工作，被公司要求提前回国	0.798			
2. 在未来的一年内，我将不得不面临失去外派机会、提前回国的风险	0.750			
3. 对于不久后回国，我感到不安	0.811			
4. 我担忧公司提供的外派工作不长久	0.883			
5. 我担心自己难以长期保住目前这份外派工作	0.876			

续表

题项	因子 1	因子 2	因子 3	因子 4
	工作丧失	薪酬福利	回任安排	工作能力
6. 我害怕丢了现在的外派工作，难以再有机会外派	0.825			
7. 我担心外派期间，我的薪酬水平未来是否还能提升		0.835		
8. 我没有获得与我的外派职务工作对等的待遇令我担忧		0.862		
9. 我担心外派期间，我的薪酬是否一直保持现在的水平		0.752		
10. 我认为外派结束后，我在公司里的未来职业发展机会是令人满意的			0.620	
11. 我感到外派结束后，公司会提供给我更好的工作岗位			0.756	
12. 我相信外派结束后，公司未来依然需要我的能力			0.852	
13. 我对我在这个公司的待遇前景看好			0.644	
14. 我担心继续待在现在的外派职位不能提升能力				0.608
15. 现在的外派工作只是简单重复的工作令我担忧				0.720
16. 我担心需要不断提升自己的知识和能力才能应付现在的外派工作				0.744
方差贡献率（%）	28.627	15.757	14.236	12.669
累计方差贡献率（%）	28.627	44.384	58.620	71.289

注：回任安排是反向指标。根据探索性因子分析结果，剔除初始量表（表 4 – 3）中的 3 个题项（题项 14、17 和 19），最终保留 16 个题项。

四　安全绩效

安全绩效量表整体 KMO 值为 0.810，Bartlett 球度检验统计量的观测值相应的概率 p 值均接近 0，说明样本调查指标适合做因子分析。在进行探索性因子分析后，安全绩效量表保留 8 个题项，如表 4 所示，依次命名为"安全参与""安全服从"，其信度分别为 0.963、0.790，因素解释累计方差贡献率达到 82.003%，所有题项的因子负载系数均大于 0.7，表现出较好的结构效度。

表4　安全绩效正式量表题项及探索性因子分析主成分矩阵

题项	因子1 安全参与	因子2 安全服从
1. 即使无人监督，我也会安全工作	0.928	
2. 我会提出改善安全施工的建议	0.907	
3. 我会参加改善安全施工的活动	0.922	
4. 我会主动纠正同事的错误操作	0.903	
5. 我会主动向同事示范正确的操作	0.801	
6. 我会按照要求穿戴必要的防护用品		0.855
7. 我在工作中遵守安全规则和标准工作程序		0.830
8. 我在工作中会积极配合管理人员的指挥		0.732
方差贡献率（%）	52.240	29.763
累计方差贡献率（%）	52.240	82.003

五　心理授权

心理授权量表整体 KMO 值为 0.737，Bartlett 球度检验统计量的观测值相应的概率 p 值均接近 0，说明样本调查指标适合做因子分析。在进行探索性因子分析后，心理授权量表保留了 12 个题项，提取四个因子如表 5 所示，依次命名为"工作意义""影响力""自主性""胜任力"，其信度分别是 0.947、0.904、0.942、0.836，因素解释累计方差贡献率达到85.614%，所有题项的因子负载系数均大于 0.7，表现出较好的结构效度。

表5　心理授权正式量表题项及探索性因子分析主成分矩阵

题项	因子1 工作意义	因子2 影响力	因子3 自主性	因子4 胜任力
1. 我的工作对我来说非常重要	0.910			
2. 工作上所做的事情对我个人来说非常有意义	0.954			
3. 我所做的工作对我来说非常有意义	0.938			

续表

题项	因子 1	因子 2	因子 3	因子 4
	工作意义	影响力	自主性	胜任力
4. 我对发生在本部门的事情有很大的影响力和作用		0.890		
5. 我对发生在本部门的事情起着很大的控制作用		0.794		
6. 我对发生在本部门的事情有重大的影响		0.797		
7. 在决定如何完成工作上，我有很大的自主权			0.907	
8. 我自己可以决定如何着手我的工作			0.840	
9. 在如何完成工作上，我有很大的机会行使独立性和自主性			0.901	
10. 我对自己完成工作的能力非常有信心				0.917
11. 我自信自己有干好工作的各项能力				0.962
12. 我掌握了完成工作所需要的各项技能				0.911
方差贡献率（%）	22.761	22.492	21.700	18.661
累计方差贡献率（%）	22.761	45.253	66.953	85.614

六　外派管理实践

外派管理实践量表整体 KMO 值为 0.872，Bartlett 球度检验统计量的观测值相应的概率 p 值均接近 0，说明样本调查指标适合做因子分析。在进行探索性因子分析后，外派管理实践量表剔除了 3 个题项，保留 21 个题项，提取四个因子如表 6 所示，依次命名为"回任发展""工作促进""福利支持""社会支持"，其信度分别为 0.895、0.868、0.814、0.837，因素解释累计方差贡献率达到 63.773%，所有题项的因子负载系数均大于 0.4，表现出较好的结构效度。

表 6　外派管理实践正式量表题项及探索性因子分析主成分矩阵

题项	因子 1	因子 2	因子 3	因子 4
	回任发展	工作促进	福利支持	社会支持
1. 公司优先照顾回任外派员工对工作岗位的选择	0.812			

续表

题项	因子 1	因子 2	因子 3	因子 4
	回任发展	工作促进	福利支持	社会支持
2. 公司在外派前对外派员工回任后的安排给予合理的承诺	0.811			
3. 外派员工回国后一般都可以得到升职	0.803			
4. 公司能够履行对外派员工回任后的工作安排承诺	0.757			
5. 公司外派员工在满足外派年限后可以按其意愿回国	0.728			
6. 公司给外派员工发放详细的外派员工管理手册或相关材料		0.851		
7. 公司为外派员工制定了明确的工作职责		0.823		
8. 公司为外派员工制定了明确的外派目标		0.822		
9. 公司建立对外派员工的专家支持系统，提供专业而权威的帮助		0.796		
10. 公司给予外派员工足够的权力		0.703		
11. 公司能保证外派员工的通信方便			0.751	
12. 公司为外派员工提供良好的住宿			0.683	
13. 公司能为外派员工及时足额地缴纳各项保险			0.673	
14. 公司安排了合理的探亲假期			0.663	
15. 公司能帮助外派员工解决医疗问题			0.640	
16. 公司解决外派员工的交通出行问题			0.569	
17. 公司为外派员工提供了合理的报酬			0.467	
18. 公司提供所派驻国家的风俗文化培训				0.806
19. 公司帮助外派员工融入当地生活				0.791
20. 公司提供长期的语言培训				0.660
21. 公司定期组织外派员工聚会，在内部沟通交流文化隔阂等问题				0.519
方差贡献率（%）	18.511	16.000	15.632	13.630
累计方差贡献率（%）	18.511	34.511	50.143	63.773

注：根据探索性因子分析结果，剔除初始量表（表 4 - 6）中的 3 个题项（7、12 和 15），最终保留 16 个题项。

附录2　调查问卷

一　调查问卷1

尊敬的先生/女士：

您好！

欢迎您在百忙之中参加我们的调查，对于您给予的支持和理解我们十分感谢。这是一份有关"外派员工工作绩效及体验"的调查问卷，以无记名的方式进行，回答没有对错好坏之分，结果仅仅是供研究使用，所以，请您按照自己的实际情况和个人的亲身体验真实地回答下面每一道题，因为您回答的真实性对于我们研究的准确性十分重要。问卷整体需要5～10分钟的时间。

十分感谢您的配合理解和参与！

第一部分：个人资料

本部分旨在了解您的基本情况以供统计分析使用，请您选中答案后的"□"，我们对您所填内容完全保密。

1. 性别：①男□　②女□

2. 年龄：①25岁及以下□　②26～35岁□　③36～45岁□　④46岁及以上□

3. 婚姻状况：①未婚□　②已婚□

4. 受教育程度：①高中/中专及以下□　②大专□　③本科□　④硕士研究生及以上□

5. 工作年限：①2年及以下□　②3～5年□　③6～10年□　④11年及以上□

6. 工作职务：①工程技术人员□　②基层管理人员□　③中高层管理者□　④其他□

7. 平均年收入：①5万元以下□　②5万～12万元□　③12万～

24 万元□　④24 万元及以上□

8. 您主要从事的工作：①安全管理工作□　②财务与投资工作□ ③工程管理□　④生产技术工作□　⑤其他□

第二部分：自我适应能力方面的评价

请根据您个人的实际情况，给出您对这个陈述的观点，并选中所选择答案的相应数字处□。

题项	非常不同意	不同意	不确定	同意	非常同意
1. 在海外派遣期间，能够适应当地的生活	1□	2□	3□	4□	5□
2. 在海外派遣期间，能够满意居住条件	1□	2□	3□	4□	5□
3. 在海外派遣期间，能够适应当地的饮食习惯	1□	2□	3□	4□	5□
4. 在海外派遣期间，购物相当便利	1□	2□	3□	4□	5□
5. 在海外派遣期间，能够负担生活成本	1□	2□	3□	4□	5□
6. 在海外派遣期间，能够有机会参加娱乐活动	1□	2□	3□	4□	5□
7. 在海外派遣期间，医疗具有便利性	1□	2□	3□	4□	5□
8. 在海外派遣期间，能够与当地居民有社交行为	1□	2□	3□	4□	5□
9. 在海外派遣期间，能够与当地居民有日常的互动活动	1□	2□	3□	4□	5□
10. 在海外派遣期间，能够与当地居民沟通交流	1□	2□	3□	4□	5□
11. 在海外派遣期间，能够了解并承担具体的工作责任	1□	2□	3□	4□	5□
12. 在海外派遣期间，能够了解工作标准，并满足相应的期望	1□	2□	3□	4□	5□
13. 在海外派遣期间，能够了解并承担监督责任	1□	2□	3□	4□	5□
14. 在海外派遣期间，任何情况下都认真负责地进行工作	1□	2□	3□	4□	5□

第三部分：安全氛围方面的评价

请根据公司和您个人的实际情况，给出您对这个陈述的观点，并选中所选择答案的相应数字处□。

题项	非常不同意	不同意	不确定	同意	非常同意
1. 公司高管介绍公司时会首先谈到安全及其理念	1□	2□	3□	4□	5□
2. 公司高管在制订年度计划时会考虑对安全生产的保障	1□	2□	3□	4□	5□
3. 公司高管坚持定期开展安全检查（如亲临项目部进行检查）	1□	2□	3□	4□	5□
4. 公司高管在资金紧张时不会削减重大安全隐患的资金投入	1□	2□	3□	4□	5□
5. 公司高管会重复要求项目经理努力提升项目部的安全绩效	1□	2□	3□	4□	5□
6. 公司高管会向全体人员通报公司事故发生情况及调查结果	1□	2□	3□	4□	5□
7. 项目经理在项目资金不充足时不会消减安全资金的投入	1□	2□	3□	4□	5□
8. 项目经理在进度紧张时不会放松对员工安全的要求	1□	2□	3□	4□	5□
9. 项目经理对员工安全培训会投入充足的资金和时间	1□	2□	3□	4□	5□
10. 项目经理坚持定期开展安全检查（如亲临现场进行检查）	1□	2□	3□	4□	5□
11. 项目经理给员工提供尽可能多的安全教育和培训	1□	2□	3□	4□	5□
12. 项目经理给予项目安全管理人员足够权力来管理现场安全	1□	2□	3□	4□	5□
13. 项目会定期召开有关安全管理工作的会议	1□	2□	3□	4□	5□
14. 项目会有足够的资源以保证作业环境的安全	1□	2□	3□	4□	5□
15. 我可以随时拿到安全规范上注明的需要使用的工具	1□	2□	3□	4□	5□
16. 我在施工现场要安全施工才能得到同组同事的认同	1□	2□	3□	4□	5□
17. 我与组长（主管）会经常讨论安全问题	1□	2□	3□	4□	5□
18. 项目安全检查会帮助同事改善作业安全环境	1□	2□	3□	4□	5□
19. 项目有明确的安全奖励措施	1□	2□	3□	4□	5□
20. 项目安全监管人员配置齐全	1□	2□	3□	4□	5□
21. 我的组长会关心同事的安全与健康	1□	2□	3□	4□	5□

第四部分：个人安全绩效方面的评价

请根据公司和您个人的实际情况，给出您对这个陈述的观点，并选中所选择答案的相应数字处□。

题项	非常不同意	不同意	不确定	同意	非常同意
1. 我会按照要求穿戴必要的防护用品	1□	2□	3□	4□	5□
2. 我在工作中遵守安全规则和标准工作程序	1□	2□	3□	4□	5□
3. 我在工作中会积极配合管理人员的指挥	1□	2□	3□	4□	5□
4. 即使无人监督，我也会安全工作	1□	2□	3□	4□	5□
5. 我会提出改善安全施工的建议	1□	2□	3□	4□	5□
6. 我会参加改善安全施工的活动	1□	2□	3□	4□	5□
7. 我会主动纠正同事的错误操作	1□	2□	3□	4□	5□
8. 我会主动向同事示范正确的操作	1□	2□	3□	4□	5□

★★本问卷到此结束，请您再仔细检查是否有题项遗漏未答，非常感谢您的参与！★★

二　调查问卷 2

尊敬的先生/女士：

您好！

欢迎您在百忙之中参加我们的调查，对于您给予的支持和理解我们十分感谢。这是一份有关"外派员工工作绩效及体验"的调查问卷，以无记名的方式进行，回答没有对错好坏之分，结果仅仅是供研究使用，所以，请您按照自己的实际情况和个人的亲身体验真实地回答下面每一道题，因为您回答的真实性对于我们研究的准确性十分重要。问卷整体需要 15~20 分钟的时间。

十分感谢您的配合理解和参与！

第一部分：个人资料

本部分旨在了解您的基本情况以供统计分析使用，请您选中答案后

的 "□"，我们对您所填内容完全保密。

1. 性别：①男□　②女□

2. 年龄：①25 岁及以下□　②26～35 岁□　③36～45 岁□　④46 岁及以上□

3. 婚姻状况：①未婚□　②已婚□

4. 受教育程度：①高中/中专及以下□　②大专□　③本科□ ④硕士研究生及以上□

5. 工作年限：①2 年及以下□　②3～5 年□　③6～10 年□　④11 年及以上□

6. 工作职务：①工程技术人员□　②基层管理人员□　③中高层 管理者□　④其他□

7. 平均年收入：①5 万元以下□　②5 万～12 万元□　③12 万～ 24 万元□　④24 万元及以上□

8. 您主要从事的工作：①安全管理工作□　②财务与投资工作□ ③工程管理□　④生产技术工作□　⑤其他□

第二部分：工作认可度的评价

请根据公司与您个人的实际情况，给出您对下列陈述的观点，并选 中所选择答案的相应数字处□。

题项	非常不同意	不同意	不确定	同意	非常同意
1. 我的工作对我来说非常重要	1□	2□	3□	4□	5□
2. 工作上所做的事情对我个人来说非常有意义	1□	2□	3□	4□	5□
3. 我所做的工作对我来说非常有意义	1□	2□	3□	4□	5□
4. 我对自己完成工作的能力非常有信心	1□	2□	3□	4□	5□
5. 我自信自己有干好工作的各项能力	1□	2□	3□	4□	5□
6. 我掌握了完成工作所需要的各项技能	1□	2□	3□	4□	5□
7. 在决定如何完成工作上，我有很大的自主权	1□	2□	3□	4□	5□
8. 我自己可以决定如何着手我的工作	1□	2□	3□	4□	5□
9. 在如何完成工作上，我有很大的机会行使独立性和自主性	1□	2□	3□	4□	5□

续表

题项	非常不同意	不同意	不确定	同意	非常同意
10. 我对发生在本部门的事情有很大的影响力和作用	1□	2□	3□	4□	5□
11. 我对发生在本部门的事情起着很大的控制作用	1□	2□	3□	4□	5□
12. 我对发生在本部门的事情有重大的影响	1□	2□	3□	4□	5□

第三部分：公司支持方面的评价

请根据公司与您个人的实际情况，给出您对这个陈述的观点，并选中所选择答案的相应数字处□。

题项	非常不同意	不同意	不确定	同意	非常同意
1. 公司解决外派员工的交通出行问题	1□	2□	3□	4□	5□
2. 公司定期组织外派员工聚会，在内部沟通交流文化隔阂等问题	1□	2□	3□	4□	5□
3. 公司为外派员工提供良好的住宿	1□	2□	3□	4□	5□
4. 公司能保证外派员工的通信方便	1□	2□	3□	4□	5□
5. 公司能帮助外派员工解决医疗问题	1□	2□	3□	4□	5□
6. 公司能为外派员工及时足额地缴纳各项保险	1□	2□	3□	4□	5□
7. 公司安排了合理的探亲假期	1□	2□	3□	4□	5□
8. 公司为外派员工提供了合理的报酬	1□	2□	3□	4□	5□
9. 公司能够履行对外派员工回任后的工作安排承诺	1□	2□	3□	4□	5□
10. 公司优先照顾回任外派员工对工作岗位的选择	1□	2□	3□	4□	5□
11. 公司在外派前对外派员工回任后的安排给予合理的承诺	1□	2□	3□	4□	5□
12. 外派员工回国后一般都可以得到升职	1□	2□	3□	4□	5□
13. 公司外派员工在满足外派年限后可以按其意愿回国	1□	2□	3□	4□	5□
14. 公司为外派员工制定了明确的工作职责	1□	2□	3□	4□	5□
15. 公司给予外派员工足够的权力	1□	2□	3□	4□	5□
16. 公司为外派员工制定了明确的外派目标	1□	2□	3□	4□	5□
17. 公司给外派员工发放详细的外派员工管理手册或相关材料	1□	2□	3□	4□	5□

续表

题项	非常不同意	不同意	不确定	同意	非常同意
18. 公司建立对外派员工的专家支持系统，提供专业而权威的帮助	1□	2□	3□	4□	5□
19. 公司帮助外派员工融入当地生活	1□	2□	3□	4□	5□
20. 公司提供长期的语言培训	1□	2□	3□	4□	5□
21. 公司提供所派驻国家的风俗文化培训	1□	2□	3□	4□	5□

第四部分：对于海外工作持续性的评价

请根据公司和您个人的实际情况，给出您对这个陈述的观点，并选中所选择答案的相应数字处□。

题项	非常不同意	不同意	不确定	同意	非常同意
1. 我担心在我不愿意的情况下离开目前的工作，被公司要求提前回国	1□	2□	3□	4□	5□
2. 在未来的一年内，我将不得不面临失去外派机会、提前回国的风险	1□	2□	3□	4□	5□
3. 对于不久后回国，我感到不安	1□	2□	3□	4□	5□
4. 我担忧公司提供的外派工作不长久	1□	2□	3□	4□	5□
5. 我担心自己难以长期保住目前这份外派工作	1□	2□	3□	4□	5□
6. 我害怕丢了现在的外派工作，难以再有机会外派	1□	2□	3□	4□	5□
7. 我担心外派期间，我的薪酬水平未来是否还能提升	1□	2□	3□	4□	5□
8. 我没有获得与我的外派职务工作对等的待遇令我担忧	1□	2□	3□	4□	5□
9. 我担心外派期间，我的薪酬是否一直保持现在的水平	1□	2□	3□	4□	5□
10. 我认为外派结束后，我在公司里的未来职业发展机会是令人满意的	1□	2□	3□	4□	5□
11. 我感到外派结束后，公司会提供给我更好的工作岗位	1□	2□	3□	4□	5□
12. 我相信外派结束后，公司未来依然需要我的能力	1□	2□	3□	4□	5□

续表

题项	非常不同意	不同意	不确定	同意	非常同意
13. 我对我在这个公司的待遇前景看好	1□	2□	3□	4□	5□
14. 我担心继续待在现在的外派职位不能提升能力	1□	2□	3□	4□	5□
15. 现在的外派工作只是简单重复的工作令我担忧	1□	2□	3□	4□	5□
16. 我担心需要不断提升自己的知识和能力才能应付现在的外派工作	1□	2□	3□	4□	5□

第五部分：自我适应能力方面的评价

请根据您个人的实际情况，给出您对这个陈述的观点，并选中所选择答案的相应数字处□。

题项	非常不同意	不同意	不确定	同意	非常同意
1. 在海外派遣期间，能够适应当地的生活	1□	2□	3□	4□	5□
2. 在海外派遣期间，能够满意居住条件	1□	2□	3□	4□	5□
3. 在海外派遣期间，能够适应当地的饮食习惯	1□	2□	3□	4□	5□
4. 在海外派遣期间，购物相当便利	1□	2□	3□	4□	5□
5. 在海外派遣期间，能够负担生活成本	1□	2□	3□	4□	5□
6. 在海外派遣期间，能够有机会参加娱乐活动	1□	2□	3□	4□	5□
7. 在海外派遣期间，医疗具有便利性	1□	2□	3□	4□	5□
8. 在海外派遣期间，能够与当地居民有社交行为	1□	2□	3□	4□	5□
9. 在海外派遣期间，能够与当地居民有日常的互动活动	1□	2□	3□	4□	5□
10. 在海外派遣期间，能够与当地居民沟通交流	1□	2□	3□	4□	5□
11. 在海外派遣期间，能够了解并承担具体的工作责任	1□	2□	3□	4□	5□
12. 在海外派遣期间，能够了解工作标准，并满足相应的期望	1□	2□	3□	4□	5□
13. 在海外派遣期间，能够了解并承担监督责任	1□	2□	3□	4□	5□
14. 在海外派遣期间，任何情况下都认真负责地进行工作	1□	2□	3□	4□	5□

第六部分：个人安全绩效方面的评价

请根据公司和您个人的实际情况，给出您对这个陈述的观点，并选中所选择答案的相应数字处□。

题项	非常不同意	不同意	不确定	同意	非常同意
1. 我会按照要求穿戴必要的防护用品	1□	2□	3□	4□	5□
2. 我在工作中遵守安全规则和标准工作程序	1□	2□	3□	4□	5□
3. 我在工作中会积极配合管理人员的指挥	1□	2□	3□	4□	5□
4. 即使无人监督,我也会安全工作	1□	2□	3□	4□	5□
5. 我会提出改善安全施工的建议	1□	2□	3□	4□	5□
6. 我会参加改善安全施工的活动	1□	2□	3□	4□	5□
7. 我会主动纠正同事的错误操作	1□	2□	3□	4□	5□
8. 我会主动向同事示范正确的操作	1□	2□	3□	4□	5□

★★本问卷到此结束,请您再仔细检查是否有题项遗漏未答,非常感谢您的参与!★★

参考文献

[1] 陈慧、车宏生、朱敏，2003，《跨文化适应影响因素研究述评》，《心理科学进展》第 6 期。

[2] 陈亮、沈文竹、郑伟波、徐师慧，2019，《自我赋能时代背景下"心理授权"的三十年研究述评》，《中国人力资源开发》第 3 期。

[3] 陈永霞、贾良定、李超平、宋继文、张君君，2006，《变革型领导、心理授权与员工的组织承诺：中国情景下的实证研究》，《管理世界》第 1 期。

[4] 陈振明、林亚清，2016，《政府部门领导关系型行为影响下属变革型组织公民行为吗？——公共服务动机的中介作用和组织支持感的调节作用》，《公共管理学报》第 1 期。

[5] 程卫民、周刚、王刚、吴立荣、亓玉栋，2010，《基于灰色－模糊－改进动量 BP 算法的矿工安全行为评价方法》，《煤炭学报》第 1 期。

[6] 丁琳、席酉民，2007，《变革型领导如何影响下属的组织公民行为——授权行为与心理授权的作用》，《管理评论》第 10 期。

[7] 丁言乔、牛雄鹰、张芮、李春浩、张莹莹，2022，《跨国经营企业员工的外派动机形成机理：基于扎根理论的研究》，《中国人力资源开发》第 3 期。

[8] 冯冬冬、陆昌勤、萧爱铃，2008，《工作不安全感与幸福感、绩效的关系：自我效能感的作用》，《心理学报》第 4 期。

［9］ 高璆崚、黄欣丽、李自杰、庄晓琳，2021，《外派管理研究评述与展望》，《技术经济》第 1 期。

［10］ 郭春华，2012，《海外员工心理健康分析》，《中国安全生产科学技术》第 S2 期。

［11］ 何蓓婷、安然，2019，《中方外派管理者的跨文化适应压力及应对机理》，《管理案例研究与评论》第 1 期。

［12］ 侯辉、陈静，2021，《基于心理授权理论的图书馆员职业倦怠影响因素研究》，《图书馆工作与研究》第 3 期。

［13］ 胡三嫚，2008，《工作不安全感及其对组织结果变量的影响机制》，博士学位论文，华中师范大学。

［14］ 胡晓娟、吴超，2009，《人的安全心理特性研究方法的综述研究》，《中国安全科学学报》第 7 期。

［15］ 胡艳、许白龙，2014a，《安全氛围对安全行为影响的中介效应分析》，《中国安全科学学报》第 2 期。

［16］ 胡艳、许白龙，2014b，《工作不安全感、工作生活质量与安全行为》，《中国安全生产科学技术》第 2 期。

［17］ 黄勋敬、孙海法，2007，《我国跨国企业外派人员薪酬问题研究》，《中国人力资源开发》第 6 期。

［18］ 黄中伟、游锡火，2010，《社会网络、组织合法与中国企业国际化绩效——来自 122 家中国企业海外子公司的实证》，《经济管理》第 8 期。

［19］ 江新会、钟昌标、张强、王桢，2016，《中国心理授权的一个特性：影响力导致的消极效应及其边界条件》，《管理评论》第 3 期。

［20］ 雷巧玲、赵更申，2009，《知识型员工个体特征对心理授权影响的实证研究》，《科学学与科学技术管理》第 8 期。

［21］ 雷巧玲、赵更申、段兴民，2006，《不同文化导向下心理授权对组织承诺影响的实证研究：基于知识型员工的观点》，《南开管理

评论》第 6 期。

[22] 李桂芳、周博然，2016，《跨国公司外派回任失败研究》，《天津师范大学学报》（社会科学版）第 1 期。

[23] 李卉、汪群，2018，《外派人员文化智力对外派绩效的影响研究——基于中国"走出去"企业的实证》，《预测》第 2 期。

[24] 李京勋、鱼文英、石庆华，2012，《管理者关系特性对海外子公司知识获取及公司绩效的影响研究》，《管理学报》第 1 期。

[25] 李燕萍、徐嘉，2013，《新生代员工：心理和行为特征对组织社会化的影响》，《经济管理》第 4 期。

[26] 李燚、黄蓉，2014，《研发人员心理授权与创新绩效：内在工作动机与控制点的作用研究》，《华东经济管理》第 2 期。

[27] 廖可兵、张力、黄祥瑞，2006，《人的失误理论研究进展》，《中国安全科学学报》第 7 期。

[28] 林肇宏、黄伟业、张靓婷、付景涛，2020，《外派员工跨文化适应性对工作绩效的影响——一个跨层次被调节的中介效应模型》，《华东经济管理》第 9 期。

[29] 凌俐、陆昌勤，2007，《心理授权研究的现状》，《心理科学进展》第 4 期。

[30] 刘景江、邹慧敏，2013，《变革型领导和心理授权对员工创造力的影响》，《科研管理》第 3 期。

[31] 刘丽华，2020，《匹配视角下高绩效工作系统对组织公民行为的影响：心理授权的调节作用》，《暨南学报》（哲学社会科学版）第 1 期。

[32] 刘平青、刘园园、刘东旭、刘淑桢，2022，《助推力还是绊脚石？工作不安全感对个体创新行为的"双刃剑"影响》，《科技进步与对策》第 6 期。

[33] 刘燕、李锐，2018，《中国跨国公司外派人员多目标主动行为的前因与后果——挑战性 - 阻碍性压力视角》，《心理科学进展》第

9 期。

［34］马跃如、郭小闻，2020，《组织支持感、心理授权与工作投入——目标导向的调节作用》，《华东经济管理》第 4 期。

［35］苗元江、朱晓红，2009，《自我决定理论及其幸福感研究》，《北京教育学院学报》（自然科学版）第 4 期。

［36］阮国祥，2017，《建筑企业差错管理氛围对员工安全行为影响研究》，《中国安全科学学报》第 1 期。

［37］尚闯红、李平，2010，《基于心理契约的煤矿企业本质安全文化模式研究》，《中国安全科学学报》第 11 期。

［38］尚航标、田国双、黄培伦，2015，《海外网络嵌入、合作能力、知识获取与企业创新绩效的关系研究》，《科技管理研究》第 8 期。

［39］邵芳，2014，《组织支持理论研究评述与未来展望》，《经济管理》第 2 期。

［40］孙春玲、张华、李贺、宋红，2014，《授权氛围对项目经理主动性行为的影响机理研究：心理授权的中介作用》，《管理评论》第 7 期。

［41］孙春玲、姬玉、许芝卫，2018，《心理授权对工程项目团队不道德亲组织行为的影响研究——基于组织惯例的调节作用》，《中国软科学》第 4 期。

［42］孙春玲、刘一凡，2022，《团队建言氛围，变革型领导对工程项目团队心理授权的影响——基于模糊集定性比较分析》，《河北大学学报》（哲学社会科学版）第 3 期。

［43］孙永磊、宋晶、陈劲，2016，《差异化变革型领导、心理授权与组织创造力》，《科学学与科学技术管理》第 4 期。

［44］田志龙、熊琪、蒋倩、Lixian Jin、Yun Zhou，2013，《跨国公司中中国员工面临的跨文化沟通挑战与应对策略》，《管理学报》第 7 期。

[45] 王国猛、赵曙明、郑全全、文亮，2011，《团队心理授权、组织公民行为与团队绩效的关系》，《管理工程学报》第 2 期。

[46] 王国猛、郑全全，2008，《心理授权、心理氛围与工作绩效的关系》，《心理科学》第 2 期。

[47] 王娟茹、杨瑾，2019，《回任适应对回任人员创新行为的影响研究》，《科研管理》第 4 期。

[48] 王亮、牛雄鹰，2018，《外派适应研究述评与展望》，《华东经济管理》第 2 期。

[49] 王顺江、陈荣、郑小平，2012，《心理授权对员工满意、忠诚和绩效影响的实证分析》，《系统工程》第 5 期。

[50] 王松、唐孔顺、梁建，2016，《工作不安全感对安全绩效的影响——基于某大型电力公司的实证研究》，《中国安全生产科学技术》第 2 期。

[51] 王霞，2016，《组织文化智力对海外工程项目绩效的影响研究》，硕士学位论文，山东大学。

[52] 王雅茹、吴杲、王晓、吴尘，2018，《知识型员工的工作不安全感：影响及控制手段》，《科技管理研究》第 7 期。

[53] 王玉梅、何燕珍，2014，《跨国外派管理实践对外派人员跨文化适应的影响——基于中国企业的实证研究》，《经济管理》第 5 期。

[54] 魏峰、袁欣、邸杨，2009，《交易型领导、团队授权氛围和心理授权影响下属创新绩效的跨层次研究》，《管理世界》第 4 期。

[55] 温忠麟、张雷、侯杰泰，2006，《有中介的调节变量和有调节的中介变量》，《心理学报》第 3 期。

[56] 吴建金、耿修林、傅贵，2013，《基于中介效应法的安全氛围对员工安全行为的影响研究》，《中国安全生产科学技术》第 3 期。

[57] 吴敏、刘主军、吴继红，2009，《变革型领导、心理授权与绩效的关系研究》，《软科学》第 10 期。

［58］谢冬梅、范莉莉、易加斌，2011，《跨国公司员工沟通衡量指标体系之实验研究——基于意义建构理论》，《软科学》第 5 期。

［59］谢义忠、萧爱铃、任孝鹏、时勘，2007，《程序公平对工作满意度、组织承诺的影响：工作不安全感的中介作用》，《中国临床心理学杂志》第 2 期。

［60］徐细雄、淦未宇，2011，《组织支持契合、心理授权与雇员组织承诺：一个新生代农民工雇佣关系管理的理论框架——基于海底捞的案例研究》，《管理世界》第 12 期。

［61］徐笑君，2016，《外派人员跨文化沟通能力对工作绩效的影响研究：专业知识学习的中介效应》，《研究与发展管理》第 4 期。

［62］许家云、周绍杰、胡鞍钢，2017，《制度距离、相邻效应与双边贸易——基于"一带一路"国家空间面板模型的实证分析》，《财经研究》第 1 期。

［63］杨波、唐恒毅、金子迦，2014，《IT 运维外包中外派人员组织归属感的影响因素研究——基于心理契约理论的多案例研究》，《管理案例研究与评论》第 1 期。

［64］杨春江、蔡迎春、侯红旭，2015，《心理授权与工作嵌入视角下的变革型领导对下属组织公民行为的影响研究》，《管理学报》第 2 期。

［65］杨春江、刘锐、李陶然，2013，《跨国公司外派人员回任后缘何离职频繁？——基于工作嵌入理论的阐释》，《东北大学学报》（社会科学版）第 1 期。

［66］杨苗苗、王娟茹，2020，《参与支持、心理授权与回任人员的组织忠诚》，《管理学刊》第 4 期。

［67］杨倩玲、白云涛，2017，《外派回任人员知识转移：内涵、分类、前因与效果》，《中国人力资源开发》第 2 期。

［68］叶宝娟、郑清，2017，《心理授权对农村小学校长工作工作满意度的影响：职业认同的中介作用与情绪智力的调节作用》，《心理

科学》第 3 期。

[69] 叶晓倩、李岱霖、王瑜芬，2017，《跨国公司知识管理创新实施——外派管理人员回任适应与回任知识转移视角》，《科技管理研究》第 9 期。

[70] 叶新凤、李新春、王智宁，2014，《安全氛围对员工安全行为的影响——心理资本中介作用的实证研究》，《软科学》第 1 期。

[71] 易涛、栗继祖，2021，《工作不安全感对矿工安全绩效的影响：基于代际差异视角》，《中国安全科学学报》第 4 期。

[72] 雍少宏、张森森、牛晓茹、陈鸾，2022，《心理授权与员工创新行为关系的元分析》，《软科学》第 6 期。

[73] 张红丽、冷雪玉，2015，《组织政治知觉、心理安全与劳务派遣员工沉默行为：中国情境下的实证研究》，《企业经济》第 6 期。

[74] 张洪烈、潘雪冬，2011，《中国跨国公司外派人员跨文化管理有效性指标体系构建研究——以云南省外派至东南亚国家为例》，《经济问题探索》第 8 期。

[75] 张吉广、张伶，2007，《安全氛围对企业安全行为的影响研究》，《中国安全生产科学技术》第 1 期。

[76] 张璇、龙立荣、夏冉，2017，《心理契约破裂和员工沉默行为：一个被调节的中介作用模型》，《工业工程与管理》第 5 期。

[77] 张勇、龙立荣，2013，《人—工作匹配、工作不安全感对雇员创造力的影响——一个有中介的调节效应模型检验》，《南开管理评论》第 5 期。

[78] 郑晓明、刘鑫，2016，《互动公平对员工幸福感的影响：心理授权的中介作用与权力距离的调节作用》，《心理学报》第 6 期。

[79] 周二华、李晓艳，2011，《在华跨国企业中外员工薪酬差异的实证研究：基于相对剥夺理论》，《管理评论》第 10 期。

[80] 周浩、龙立荣，2011，《工作不安全感、创造力自我效能对员工创造力的影响》，《心理学报》第 8 期。

[81] 周舜怡、苏中兴，2021，《基于补偿理论的外派员工职业生涯延迟满足对工作适应的影响研究》，《管理学报》第 10 期。

[82] 周燕华，2012，《中国跨国公司员工外派适应与绩效研究》，《技术经济与管理研究》第 2 期。

[83] 周燕华、崔新健，2012，《员工社会网络对外派适应的影响及文化距离的调节效应——基于中国跨国公司外派人员的实证研究》，《河北经贸大学学报》第 5 期。

[84] 朱颖俊、裴宇，2014，《差错管理文化、心理授权对员工创新行为的影响：创新效能感的调节效应》，《中国人力资源开发》第 17 期。

[85] Ahmad, N., Oranye, N. O. 2010. "Empowerment, Job Satisfaction and Organizational Commitment: A Comparative Analysis of Nurses Working in Malaysia and England." *Journal of Nursing Management* 18 (5).

[86] Ajzen, I. 1991. "The Theory of Planned Behavior." *Organizational Behavior and Human Decision Processes* 50 (2).

[87] Albert, A., Hallowell, M. R. 2017. "Modeling the Role of Social Networks on Hazard Recognition and Communication." *Practice Periodical on Structural Design and Construction* 22 (4).

[88] Allen, D. G., Shore, L. M., Griffeth, R. W. 2003. "The Role of Perceived Organizational Support and Supportive Human Resource Practices in the Turnover Process." *Journal of Management* 29.

[89] Allison, L., Kaminsky, J. 2017. "Safety Communication Networks: Females in Small Work Crews." *Journal of Construction Engineering & Management* 143.

[90] Alsamadani, R., Hallowell, M., Javernick-Will, A. N. 2013. "Measuring and Modelling Safety Communication in Small Work Crews in the US Using Social Network Analysis." *Construction Management and Economics*

31 (6).

[91] Ambrose, M. L., Schminke, M. 2003. "Organization Structure as a Moderator of the Relationship between Procedural Justice, International Justice, Perceived Organizational Support, and Supervisory Trust." *Journal of Applied Psychology* 88.

[92] Anderzén, I. N., Arnetz, B. B. 1999. "Psychophysiological Reactions to International Adjustment." *Psychotherapy and Psychosomatics* 68 (2).

[93] Andreason, W. A. 2003. "Direct and Indirect Forms of In-country Support for Expatriates and Their Families as a Means of Reducing Premature Returns and Improving Job Performance." *International Journal of Management* 20 (4).

[94] Andresen, M., Goldmann, P., Volodina, A. 2018. "Do Over-whelmed Expatriates Intend to Leave? The Effects of Sensory Processing Sensitivity, Stress, and Social Capital on Expatriates' Turnover Intention." *European Management Review* 15.

[95] Anja, V. D. B., Vansteenkiste, M., Witte, H. D., et al. 2008. "Explaining the Relationships between Job Characteristics, Burnout, and Engagement: The Role of Basic Psychological Need Satisfaction." *Work & Stress* 22 (3).

[96] Aryee, S., Chen, Z. X. 2006. "Leader-member Exchange in a Chinese Context: Antecedents, the Mediating Role of Psychological Empowerment and Outcomes." *Journal of Business Research* 59 (7).

[97] Ashford, S. J., Lee, C., Bobko, P. 1989. "Content, Causes, and Consequences of Job Insecurity: A Theory-based Measure and Substantive Test." *Academy of Management Journal* 32 (4).

[98] Avolio, B. J., Zhu, W., Koh, W., Bhatia, P. 2004. "Transformational Leadership and Organizational Commitment: Mediating Role

of Psychological Empowerment and Moderating Role of Structural Distance. " *Journal of Organizational Behavior* 25 （8）.

[99] Avril, A. B. , Magnini, V. P. 2007. "A Holistic Approach to Expatriate Success. " *International Journal of Contemporary Hospitality Management* 19 （1）.

[100] Aycan, Z. 1997. "Expatriate Adjustment as a Multifaceted Phenomenon: Individual and Organization Level Predictors. " *International Journal of Human Resource Management* 8 （4）.

[101] Baard, P. P. , Deci, E. L. , Ryan, R. M. 2004. "Intrinsic Need Satisfaction: A Motivational Basis of Performance and Weil-being in Two Work Setting. " *Journal of Applied Social Psychology* 34 （10）.

[102] Bakker, A. B. , Veldhoven, M. V. , Xanthopoulou, D. 2010. "Beyond the Demand-control Model: Thriving on High Job Demands and Resources. " *Journal of Personnel Psychology* 9 （1）.

[103] Beaverstock, J. 1996. "Lending Jobs to Global Cities: Skilled International Labour Migration, Investment Banking and the City of London. " *Urban Studies* 33 （8）.

[104] Bentley, T. A. , Haslam, R. A. 2001. "A Comparison of Safety Practices Used by Managers of High and Low Accident Rate Postal Delivery Services. " *Safety Science* 37 （1）.

[105] Beus, J. M. , Bergman, M. E. , Payne, S. C. 2010. "The Influence of Organizational Tenure on Safety Climate Strength: A First Look. " *Accident Analysis and Prevention* 42 （5）.

[106] Bhaskar-Shrinivas, P. , Harrison, D. A. , Shaffer, M. A. , et al. 2005. "Input-based and Time-based Models of International Adjustment: Meta-analytic Evidence and Theoretical Extensions. " *The Academy of Management Journal* 48 （2）.

[107] Bhatti, M. A. , Kaur, S. , Battour, M. M. 2013. "Effects of Individual

Characteristics on Expatriates' Adjustment and Job Performance. " *European Journal of Training & Development* 37 （6）.

[108] Bhatti, M. A. , Sundram, V. P. K. , Hee, H. C. 2012. "Expatriate Job Performance and Adjustment: Role of Individual and Organizational Factors. " *Journal of Business & Management* 1 （1）.

[109] Black, J. S. 1988. "Work Role Transitions: A Study of American Expatriate Managers in Japan. " *Journal of International Business Studies* 19 （2）.

[110] Black, J. S. , Gregersen, H. B. 1991. "Antecedents to Cross-cultural Adjustment for Expatriates in Pacific Rim Assignments. " *Human Relations* 44 （5）.

[111] Black, J. S. , Gregersen, H. B. 1999. "The Right Way to Manage Expats. " *Harvard Business Review* 77 （2）.

[112] Black, J. S. , Mendenhall, M. , Oddou, G. 1991. "Toward a Comprehensive Model of International Adjustment: An Integration of Multiple Theoretical Perspectives. " *Academy of Management Review* 16 （2）.

[113] Black, J. S. , Stephens, G. K. 1989. "The Influence of the Spouse on American Expatriate Adjustment and Intent to Stay in Pacific Rim Overseas Assignments. " *Journal of Management: Official Journal of the Southern Management Association* 15 （4）.

[114] Blascovich, J. , Mendes, W. B. , Tomaka, J. , et al. 2003. "The Robust Nature of the Biopsychosocial Model Challenge and Threat: A Reply to Wright and Kirby. " *Personality & Social Psychology Review an Official Journal of the Society for Personality & Social Psychology Inc* 7 （3）.

[115] Blau, P. M. 1964. *Exchange and Power in Social Life.* New York, US: Wiley.

［116］Bonache, J. 2005. "Job Satisfaction among Expatriates, Repatriates and Domestic Employees: The Perceived Impact of International Assignments on Work-related Variables." *Personnel Review* 34 (34).

［117］Bonache, J., Brewster, C. 2001. "Knowledge Transfer and the Management of Expatriation." *Thunderbird International Business Review* 43 (1).

［118］Bonebright, D. A. 2010. "Adult Third Culture Kids: HRD Challenges and Opportunities." *Human Resource Development International* 13.

［119］Borman, W. C., Motowidlo, S. J. 1993. *Expanding the Criterion Domain to Include Elements of Contextual Performance.* New York, US: Wiley.

［120］Boyatzis, R. E., Kolb, D. A. 1991. "Assessing Individuality in Learning: The Learning Skills Profile." *Educational Psychology an International Journal of Experimental Educational Psychology* 11 (3 – 4).

［121］Boyatzis, R. E., Kolb, D. A. 1995. "From Learning Styles to Learning Skills: The Executive Skills Profile." *Journal of Managerial Psychology* 10 (5).

［122］Brewster, C. 1993. "The Paradox of Adjustment: UK and Swedish Expatriates in Sweden and the UK." *Human Resource Management Journal* 4 (1).

［123］Brewster, C., Suutari, V. 2005. "Global HRM: Aspects of A Research Agenda." *Personnel Review* 34 (1).

［124］Burgard, S. A., Brand, J. E., House, J. S. 2009. "Perceived Job Insecurity and Worker Health in the United States." *Social Science & Medicine* 69 (5).

［125］Caligiuri, P. M. 2000. "The Big Five Characteristics as Predictors of Expatriate's Desire to Terminate the Assignment and Supervisor-rated

Performance. " *Personnel Psychology* 53 (1).

[126] Caligiuri, P. M. , Colakoglu, S. A. 2007. "Strategic Contingency Approach to Expatriate Assignment Management. " *Human Resource Management Journal* 17 (4).

[127] Caligiuri, P. M. , Hyland, M. M. , Bross, A. S. , et al. 2002. "A Testing a Theoretical Model for Examining the Relationship between Family Adjustment and Expatriates' Work Adjustment. " *Journal of Applied Psychology* 83.

[128] Caligiuri, P. M. , Phillips, J. , Lazarova, M. , et al. 2001. "The Theory of Met Expectations Applied to Expatriate Adjustment: The Role of Crosscultural Training. " *The International Journal of Human Resource Management* 12 (3).

[129] Callea, A. , Urbini, F. , Chirumbolo, A. 2016. "The Mediating Role of Organizational Identification in the Relationship between Qualitative Job Insecurity, OCB and Job Performance. " *Journal of Management Development* 35 (6).

[130] Cesário, F. S. , Chambel, M. J. , Guillén, C. 2014. "What If Expatriates Decide to Leave? The Mediation Effect of the Psychological Contract Fulfillment. " *Management Research: Journal of the Iberoamerican Academy of Management* 12 (2).

[131] Chen, G. 2005. "Newcomer Adaptation in Teams: Multilevel Antecedents and Outcomes. " *Academy of Management Journal* 48 (1).

[132] Chen, G. , Kanfer, R. 2006. "Toward a Systems Theory of Motivated Behavior in Work Teams. " *Research in Organizational Behavior* 27 (2).

[133] Chen, G. , Kirkman, B. L. , Kanfer, R. , et al. 2007. "A Multilevel Study of Leadership, Empowerment, and Performance in Teams. " *Journal of Applied Psychology* 92 (2).

[134] Cheng, B. S. , Chou, L. F. , Farh, J. L. 2000. "A Triad Model of Paternalistic Leadership: The Constructs and Measurement. " *Indigenous Psychological Research in Chinese Societies* 14.

[135] Cheng, H. L. , Chan, K. S. 2008. "Who Suffers More from Job Insecurity? A Meta-analytic Review. " *Applied Psychology: An International Review* 57 (2).

[136] Chiesa, R. , Fazi, L. , Guglielmi, D. , et al. 2018. "Enhancing Substainability: Psychological Capital, Perceived Employability, and Job Insecurity in Different Work Contract Conditions. " *Sustainability* 10 (7).

[137] Cho, T. , Hutchings, K. , Marchant, T. 2013. "Key Factors Influencing Korean Expatriates' and Spouses' Perceptions of Expatriation and Repatriation. " *The International Journal of Human Resource Management* 24 (5).

[138] Christian, M. S. , Bradley, J. C. , Wallace, J. C. , et al. 2009. "Workplace Safety: A Meta-analysis of the Roles of Person and Situation Factors. " *Journal of Applied Psychology* 94 (5).

[139] Cieri, H. D. , Dowling, P. J. F. , Taylor, K. 1991. "The Psychological Impact of Expatriate Relocation on Partners. " *The International Journal of Human Resource Management* 2 (3).

[140] Cigularov, K. P. , Chen, P. Y. , Rosecrance, J. 2010. "The Effects of Error Management Climate and Safety Communication on Safety: A Multi-level Study. " *Accident Analysis & Prevention* 42 (5).

[141] Clarke, S. 2006. "The Relationship between Safety Climate and Safety Performance: A Meta-analytic Review. " *Journal of Occupational Health Psychology* 11 (4).

[142] Cohen, A. 2005. "Dual Commitment to the Organization and the Union: A Multi-dimensional Approach. " *Relations Industrielles* 60

(3).

[143] Collings, D. G. , Scullion, H. , Morley, M. J. 2007. "Changing Patterns of Global Staffing in the Multinational Enterprise: Challenges to the Conventional Expatriate Assignment and Emerging Alternatives." *Journal of World Business* 42.

[144] Colquitt, J. A. , Conlon, D. E. , Wesson, M. J. , et al. 2001. "Justice at the Millenium: A Meta-analytic Review of 25 Years of Organizational Justice Research." *Journal of Applied Psychology* 86 (3).

[145] Conger, J. A. , Kanungo, R. N. 1988. "The Empowerment Process: Integrating Theory and Practice." *Academy of Management Review* 3 (3).

[146] Conger, J. A. , Kanungo, R. N. , Menon, S. T. 2000. "Charismatic Leadership and Follower Effects." *Journal of Organizational Behavior* 21 (7).

[147] Copeland, A. P. , Norell, S. K. 2002. "Spousal Adjustment on International Assignments: The Role of Social Support." *International Journal of Intercultural Relations* 26 (3).

[148] Cropanzano, R. , Prehar, C. A. , Chen, P. Y. 2002. "Using Social Exchange Theory to Distinguish Procedural from International Justice." *Group & Organization Management* 27 (3).

[149] Cuyper, N. D. , Bernhard-Oettel, C. , Berntson, E. , et al. 2008. "Employability and Employees' Well-being: Mediation by Job Insecurity." *Applied Psychology* 57 (3).

[150] Cuyper, N. D. , Witte, H. D. 2006. "Autonomy and Workload among Temporary Workers: Their Effects on Job Satisfaction, Organizational Commitment, Life Satisfaction, and Self-rated Performance." *International Journal of Stress Management* 13 (4).

[151] Cuyper, N. D. , Witte, H. D. 2007. "Job Insecurity in Temporary

Versus Permanent Workers: Associations with Attitudes, Well-being, and Behaviour. ” *Work & Stress* 21 （1）.

［152］ Davy, J. A. , Kinicki, A. J. , Scheck, C. L. 2015. “Developing and Testing a Model of Survivor Responses to Layoffs. ” *Journal of Vocational Behavior* 38 （3）.

［153］ Deci, E. L. , Connell, J. P. , Ryan, R. M. 1989. “Self Determination in a Work Organization. ” *Journal of Applied Psychology* 74 （4）.

［154］ Deci, E. L. , Ryan, R. M. 2000. “The ‘What’ and the ‘Why’ of Goal Pursuits: Human Needs and the Self-determination of Behavior. ” *Psychological Inquiry* 11 （4）.

［155］ Deci, E. L. , Ryan, R. M. 2008. “Facilitating Optimal Motivation and Psychological Well-being across Life’s Domains. ” *Canadian Psychology* 49 （1）.

［156］ Dedahanov, A. T. , Kim, C. , Rhee, J. 2015. “Centralization and Communication Opportunities as Predictors of Acquiescent or Prosocial Silence. ” *Social Behavior and Personality an International Journal* 43 （3）.

［157］ Dedobbeleer, N. , Béland, F. 1991. “A Safety Climate Measure for Construction Sites. ” *Journal of Safety Research* 22 （2）.

［158］ Dekker, S. W. A. , Schaufeli, W. B. 1995. “The Effects of Job Insecurity on Psychological Health and Withdrawal: A Longitudinal Study. ” *Australian Psychologist* 30 （1）.

［159］ Dennis, W. , Shaffer, M. A. 2005. “Equity and Relationship Quality Influences on Organization Citizenship Behaviors: The Mediating Role of Trust in the Supervisor and Empowerment. ” *Personnel Review* 34 （4）.

［160］ Dickmann, M. , Doherty, N. , Mills, T. , et al. 2008. “Why Do

They Go? Individual and Corporate Perspectives on the Factors Influencing the Decision to Accept an International Assignment. " *The International Journal of Human Resource Management* 19 （4）.

[161] Dowling, P. J. 1999. "Completing the Puzzle：Issues in the Development of the Field of International Human Resource Management. " *Management International Review* 39 （3）.

[162] Dvir, T. , Eden, D. , Avolio, B. J. , et al. 2002. " Impact of Transformational Leadership on Follower Development and Performance：A Field Experiment. " *Academy of Management Journal* 45 （4）.

[163] Eisenberger, R. , Huntington, R. , Hutchison, S. , Sowa, D. 1986. "Perceived Organizational Support. " *Journal of Applied Psychology* 71 （3）.

[164] Ekmekci, O. T. , Karapinar, P. B. , Camgoz, S. M. , et al. 2018. "Academics' Responses to Job Insecurity：The Mediating Effect of Job Satisfaction. " *Higher Education Policy* 2.

[165] Elst, T. V. , Broeck, A. V. D. , Witte, H. D. , et al. 2012. "The Mediating Role of Frustration of Psychological Needs in the Relationship between Job Insecurity and Work-related Well-being. " *Work and Stress* 26 （3）.

[166] Elst, T. V. , Witte, H. D. , Cuyper, N. D. 2014. "The Job Insecurity Scale：A Psychometric Evaluation across Five European Countries. " *European Journal of Work and Organizational Psychology* 23 （3）.

[167] Erbacher, D. , Netto, B. D. , Espana, J. 2006. "Expatriate Success in China：Impact of Personal and Situational Factors. " *The Journal of American Academy of Business* 9 （2）.

[168] Eschbach, D. M. , Parker, G. E. , Stoeberl, P. A. 2001. "Ameri-

can Repatriate Employees' Retrospective Assessments of the Effects of Cross-cultural Training on Their Adaptation to International Assignments. " *International Journal of Human Resource Management* 12 (2).

[169] Fan, D. , Xia, J. , Zhang, M. M. , et al. 2016. " The Paths of Managing International Human Resources of Emerging Market Multinationals: Reconciling Strategic Goal and Control Means. " *Human Resource Management Review* 26 (4).

[170] Feldman, D. C. 2006. "Toward a New Taxonomy for Understanding the Nature and Consequences of Contingent Employment. " *Career Development International* 11 (1).

[171] Ferrie, E. J. 2002. "Effects of Chronic Job Insecurity and Change in Job Security on Self-reported Health, Minor Psychiatric Morbidity, Physiological Measures, and Health Related Behaviours in British Civil Servants: The Whitehall II Study. " *Journal of Epidemiology & Community Health* 56 (6).

[172] Firth, B. M. , Chen, G. , Kirkman, B. L. , et al. 2014. " Newcomers Abroad: Expatriate Adaptation during Early Phases of International Assignments. " *Academy of Management Journal* 57 (1).

[173] Fogarty, G. J. , Murphy, P. J. , Perera, H. N. 2017. " Safety Climate in Defense Explosive Ordnance: Survey Development and Model Testing. " *Safety Science* 93.

[174] Fontinha, R. , Cuyper, N. D. , Williams, S. , et al. 2018. " The Impact of HRM, Perceived Employability, and Job Insecurity on Self-initiated Expatriates' Adjustment to the Host Country. " *Thunderbird International Business Review* 60.

[175] Frazee, V. 1998. " US-bound Expats, Outnumber All Others. " *Workforce* 3 (4).

［176］ Fredrickson, B. L. , Losada, M. F. 2005. "Positive Affect and the Complex Dynamics of Human Flourishing. " *American Psychologist* 60 (7).

［177］ Frese, M. , Garst, H. , Fay, D. 2007. "Making Things Happen: Reciprocal Relationships between Work Characteristics and Personal Initiative in a Four-wave Longitudinal Structural Equation Model. " *Journal of Applied Psychology* 92 (4).

［178］ Froese, F. J. 2010. "Acculturation Experiences in South Korea and Japan. " *Culture & Psychology* 16.

［179］ Froese, F. J. 2012. "Motivation and Adjustment of Self-initiated Ex-patriates: The Case of Expatriate Academics in South Korea. " *The International Journal of Human Resource Management* 23 (6).

［180］ Fugas, C. S. , Silva, S. A. , Meliá, J. L. 2012. "Another Look at Safety Climate and Safety Behavior: Deepening the Cognitive and So-cial Mediator Mechanisms. " *Accident Analysis & Prevention* 45 (1).

［181］ Ganster, D. C. , Mfayes, B. , Sime, W. W. , Tharpe, G. 1982. "Managing Occupational Stress: A Field Experiment. " *Journal of Applied Psychology* 67.

［182］ Gardner, D. M. , Lauricella, T. , Ryan, A. M. , et al. 2021. "Managing Boundaries between Work and Non-work Domains: Per-sonality and Job Characteristics and Adopted Style. " *Journal of Occu-pational and Organizational Psychology* 94 (1).

［183］ Glendon, A. I. , Litherland, D. K. 2001. "Safety Climate Factors, Group Differences and Safety Behavior in Road Construction. " *Safety Science* 39 (3).

［184］ Glendon, A. I. , Stanton, N. A. 2000. "Perspectives on Safety Cul-ture. " *Safety Science* 34 (1).

［185］ Gopinath, C. , Becker, T. E. 2000. "Communication, Procedural

Justice, and Employee Attitudes: Relationships under Conditions of Divestiture." *Journal of Management* 26 (1).

[186] Gordon, M. E. , Philpot, J. W. , Burt, R. E. , et al. 1980. "Commitment to the Union: Development of Measure and an Examination of Its Correlates." *Journal of Applied Psychology* 65 (4).

[187] Gouldner, A. W. 1960. "The Norm of Reciprocity: A Preliminary Statement." *American Sociological Review* 25 (2).

[188] Greenhalgh, L. , Rosenblatt, Z. 1984. "Job Insecurity: Toward Conceptual Clarity." *Academy of a Management Review* 9 (3).

[189] Griffin, M. A. , Neal, A. 2000. "Perceptions of Safety at Work: A Framework for Linking Safety Climate to Safety Performance, Knowledge, and Motivation." *Journal of Occupational Health Psychology* 5 (3).

[190] Grzywacz, J. G. , Almeida, D. M. , Mcdonald, D. A. 2002. "Work-family Spillover and Daily Reports of Work and Family Stress in the Adult Labor Force." *Family Relations* 51 (1).

[191] Grzywacz, J. G. , Marks, N. F. 2000. "Reconceptualizing the Work-family Interface: An Ecological Perspective on the Correlates of Positive and Negative Spillover between Work and Family." *Journal of Occupational Health Psychology* 5 (1).

[192] Guldenmund, F. W. 2000. "The Nature of Safety Culture: A Review of Theory and Research." *Safety Science* 34 (1).

[193] Gullahorn, J. T. , Gullahorn, J. E. 1963. "An Extension of the U-curve Hypothesis." *The Journal of Social Issues* 19 (3).

[194] Guo, M. , Liu, S. Z. , Chu, F. L. , et al. 2019. "Supervisory and Coworker Support for Safety: Buffers between Job Insecurity and Safety Performance of High-speed Railway Drivers in China." *Safety Science* 117.

[195] Guzzo, R. A., Noonan, K. A., Elron, E. 1994. "Expatriate Managers and the Psychological Contract." *Journal of Applied Psychology* 79 (4).

[196] Hahn, S. E., Murphy, L. R. 2008. "A Short Scale for Measuring Safety Climate." *Safety Science* 46 (7).

[197] Hampton, D., Rayens, M. K. 2019. "Impact of Psychological Empowerment on Workplace Bullying and Intent to Leave." *Journal of Nursing Administration* 49 (4).

[198] Hancer, M., George, R. T. 2003. "Psychological Empowerment of Non-supervisory Employees Working in Full Service Restaurants." *Hospitality Management* 22 (1).

[199] Hanson, G. C., Hammer, L. B., Colton, C. L. 2006. "Development and Validation of a Multidimensional Scale of Perceived Work-family Positive Spillover." *Journal of Occupational Health Psychology* 11 (3).

[200] Harrison, D. A., Shaffer, M. A., Bhaskar-Shrinivas, P. 2004. "Going Places: Roads More and Less Traveled in Research on Expatriate Experiences." *Research in Personnel and Human Resources Management* 23.

[201] Harvey, M. G. 1998. "Dual-career Couples during International Relocation: The Trailing Spouse." *International Journal of Human Resource Management* 9 (2).

[202] Haslberger, A., Brewster, C., Hippler, T. 2013. "The Dimensions of Expatriate Adjustment." *Human Resource Management* 52 (3).

[203] Haslberger, A., Brewster, C. 2008. "The Expatriate Family: An International Perspective." *Journal of Managerial Psychology* 23 (3).

[204] Haslberger, A. 2005. "Facets and Dimensions of Cross-cultural Ad-

aptation: Refining the Tools. " *Personnel Review* 34 (1).

[205] Heaney, C. A. , Israel, B. A. , House, J. S. 1994. "Chronic Job Insecurity among Automobile Workers: Effects on Job Satisfaction and Health. " *Social Science & Medicine* 38 (10).

[206] Hechanova, R. , Beehr, T. A. , Christiansen, N. D. 2003. "Antecedents and Consequences of Employees' Adjustment to Overseas Assignment: A Meta-analytic Review. " *Applied Psychology* 52 (2).

[207] Hellgren, J. , Sverke, M. , Isaksson, K. 1999. "A Two-dimensional Approach to Job Insecurity: Consequences for Employee Attitudes and Well-being. " *European Journal of Work and Organizational Psychology* 8 (2).

[208] Hellmann, T. , Thiele, V. 2011. "Incentives and Innovation: A Multitasking Approach. " *American Economic Journal Microeconomics* 3 (1).

[209] Hobfoll, S. E. 1989. "Conservation of Resources: A New Attempt at Conceptualizing Stress. " *American Psychologist* 44 (3).

[210] Hocking, J. B. , Brown, M. , Harzing, A. W. 2004. "A Knowledge Transfer Perspective of Strategic Assignment Purposes and Their Path-dependent Outcomes. " *International Journal of Human Resource Management* 15 (3).

[211] Hofstede, G. , Bond, M. H. 1984. "Hofstede's Culture Dimensions: An Independent Validation Using Rokeach's Value Survey. " *Journal of Cross-cultural Psychology* 15 (4).

[212] Houghton, J. D. , Yoho, S. K. 2005. "Toward a Contingency Model of Leadership and Psychological Empowerment: When Should Self-Leadership Be Encouraged?" *Journal of Leadership & Organizational Studies* 11 (4).

[213] Howard, L. W. , Cordes, C. L. 2010. " Flight from Unfairness:

Effects of Perceived Injustice on Emotional Exhaustion and Employee Withdrawal. " *Journal of Business and Psychology* 25 (3).

[214] Hyatt, D. E. , Ruddy, T. M. 1997. "An Examination of the Relationship between Work Group Characteristics and Performance: Once More into the Breech. " *Personnel Psychology* 50 (3).

[215] Inkson, K. , Myers, B. A. 2003. "The Big OE: Self-directed Travel and Career Development. " *Career Development International* 8 (4).

[216] Inkson, K. , Myers, B. A. , Pringle, J. , et al. 1997. "Expatriate Assignment Versus Overseas Experience: Contrasting Models of International Human Resource Development. " *Journal of World Business* 32 (4).

[217] Inoue, A. , Kawakami, N. , Eguchi, H. , et al. 2016. "Buffering Effect of Workplace Social Capital on the Association of Job Insecurity with Psychological Distress in Japanese Employees: A Cross-sectional Study. " *Journal of Occupational Health* 58 (5).

[218] Jang, S. Y. , Jang, S. I. , Bae, H. C. , et al. 2015. "Precarious Employment and New-onset Severe Depressive Symptoms: A Population-based Prospective Study in South Korea. " *Scandinavian Journal of Work Environment & Health* 41 (4).

[219] Janssen, O. 2000. "Job Demands, Perceptions of Effort-reward Fairness and Innovative Work Behaviour. " *Journal of Occupational and Organizational Psychology* 73 (3).

[220] Janssen, O. 2005. "The Joint Impact of Perceived Influence and Supervisor Supportiveness on Employee Innovative Behaviour. " *Journal of Occupational & Organizational Psychology* 78 (4).

[221] Jayasekara, P. , Takahashi, Y. 2014. "Improving Post-assignment Behavioral Outcomes of Expatriates. " *Journal of Global Mobility* 2

(3).

[222] Jing, J., Yan, J. 2022. "Study on the Effect of Employees' Perceived Organizational Support, Psychological Ownership, and Turnover Intention: A Case of China's Employee." *International Journal of Environmental Research and Public Health* 19.

[223] Jokinen, T., Brewster, C., Suutari, V. 2008. "Career Capital during International Work Experiences: Contrasting Self-initiated Expatriate Experiences and Assigned Expatriation." *The International Journal of Human Resource Management* 19 (6).

[224] Jun, S., Gentry, J. W., Yong, J. H. 2001. "Cultural Adaptation of Business Expatriates in the Host Marketplace." *Journal of International Business Studies* 32 (2).

[225] Kachi, Y., Hashimoto, H., Eguchi, H. 2018. "Gender Differences in the Effects of Job Insecurity on Psychological Distress in Japanese Workers: A Population-based Panel Study." *International Archives of Occupational & Environmental Health* 91 (4).

[226] Kaila, H. L. 2010. "Behavior-based Safety Programs Improve Worker Safety in India." *Ergonomics in Design: The Quarterly of Human Factors Applications* 18 (4).

[227] Kamoche, K. 1997. "Knowledge Creation and Learning in International HRM." *International Journal of Human Resource Management* 8 (3).

[228] Kang, Y. J., Lee, J. Y., Kim, H. W. 2017. "A Psychological Empowerment Approach to Online Knowledge Sharing." *Computers in Human Behavior* 74.

[229] Kanter, R. M. 1977. *Men and Women of the Corporation*. New York, USA: Basic Books.

[230] Kawai, N., Mohr, A. 2015. "The Contingent Effects of Role Am-

biguity and Role Novelty on Expatriates' Work-related Outcomes. "
British Journal of Management 26 (2).

[231] Keim, A. C. , Landis, R. S. , Pierce, C. A. , et al. 2014. "Why
Do Employees Worry about Their Jobs? A Meta-analytic Review of
Predictors of Job Insecurity. " *Journal of Occupational Health Psychol-
ogy* 19 (3).

[232] Kim, J. H. 2012. "Exploring the Experience of Intergroup Contact
and the Value of Recreation Activities in Facilitating Positive Inter-
group Interactions of Immigrants. " *Leisure Sciences* 34 (1).

[233] Kines, P. , Andersen, L. P. , Spangenberg, S. , et al. 2010.
"Improving Construction Site Safety through Leader-based Verbal
Safety Communication. " *Journal of Safety Research* 41 (5).

[234] Kines, P. , Lappalainen, J. , Mikkelsen, K. L. , et al. 2011.
"Nordic Safety Climate Questionnaire (NOSACQ – 50): A New Tool
for Diagnosing Occupational Safety Climate. " *International Journal of
Industrial Ergonomics* 41 (6).

[235] Kinnunen, U. , Mauno, S. , Nätti, J. , et al. 1999. "Perceived
Job Insecurity: A Longitudinal Study among Finnish Employees. "
European Journal of Work and Organizational Psychology 8 (2).

[236] Kinnunen, U. , Mauno, S. , Nätti, J. , et al. 2000. "Organiza-
tional Antecedents and Outcomes of Job Insecurity: A Longitudinal
Study in Three Organizations in Finland. " *Journal of Organizational
Behavior* 21 (4).

[237] Kinnunen, U. , Mkikangas, A. , Mauno, S. , et al. 2014. "De-
velopment of Perceived Job Insecurity across Two Years: Associations
with Antecedents and Employee Outcomes. " *Journal of Occupational
Health Psychology* 19 (2).

[238] Kirkman, B. L. , Rosen, B. 1999. "Beyond Self-management: An-

tecedents and Consequences of Team Empowerment. " *Academy of Management Journal* 42 (1).

[239] Kirkman, B. L. , Rosen, B. 2000. "Powering Up Teams. " *Organizational Dynamics* 28 (3).

[240] Kittler, M. G. , Rygl, D. , Mackinnon, A. , et al. 2011. "Work Role and Work Adjustment in Emerging Markets: A Study of German Expatriates in CEE Countries and Russia. " *Cross Cultural Management an International Journal* 18 (2).

[241] Klandermans, B. , Vuuren, T. V. 1999. "Job Insecurity: Introduction. " *European Journal of Work and Organizational Psychology* 8 (2).

[242] Knol, J. , Linge, R. V. 2009. "Innovative Behaviour: The Effect of Structural and Psychological Empowerment on Nurses. " *Journal of Advanced Nursing* 65 (2).

[243] Kottke, J. L. , Sharafinski, C. E. 1988. "Measuring Perceived Supervisory and Organizational Support. " *Educational and Psychological Measurement* 48 (4).

[244] Kraimer, M. L. , Shaffer, M. A. , Bolino, M. C. 2009. "The Influence of Expatriate and Repatriate Experiences on Career Advancement and Repatriate Retention. " *Human Resource Management* 48 (1).

[245] Kraimer, M. L. , Wayne, S. J. 2004. "An Examination of Perceived Organizational Support as a Multidimensional Construct in the Context of an Expatriate Assignment. " *Journal of Management* 30 (2).

[246] Kraimer, M. L. , Wayne, S. J. , Jaworski, R. A. 2001. "Sources of Support and Expatriate Performance: The Mediating Role of Expatriate Adjustment. " *Personnel Psychology* 54 (1).

［247］ Kuenzi, M. , Schminke, M. 2009. "Assembling Fragments into a Lens: A Review, Critique, and Proposed Research Agenda for the Organizational Work Climate Literature. " *Journal of Management* 35 (3).

［248］ Lale, G. , Arzu, I. 2009. "Transformational Leadership, Creativity, and Organizational Innovation. " *Journal of Business Research* 62 (4).

［249］ Lara, C. R. , Siu, Q. , Li, S. Y. W. , et al. 2015. "Job Insecurity: Cross-cultural Comparison between Germany and China. " *Journal of Organizational Effectiveness: People and Performance* 2 (1).

［250］ Lavelle, J. J. , Brockner, J. , Konovsky, M. A. , et al. 2009. "Commitment, Procedural Fairness, and Organizational Citizenship Behavior: A Multifoci Analysis. " *Journal of Organizational Behavior* 30 (3).

［251］ Lee, C. , Bobko, P. , Ashford, S. , et al. 2008. "Cross-cultural Development of an Abridged Job Insecurity Measure. " *Journal of Organizational Behavior* 29 (3).

［252］ Lee, C. H. 2005. "A Study of Underemployment among Self-initiated Expatriates. " *Journal of World Business* 40 (2).

［253］ Lee, Y. H. , Lu, T. E. , Yang, C. C. , et al. 2019. "A Multilevel Approach on Empowering Leadership and Safety Behavior in the Medical Industry: The Mediating Effects of Knowledge Sharing and Safety Climate. " *Safety Science* 117.

［254］ Levinson, H. 1965. "Reciprocation: The Relationship between Man and Organization. " *Administrative Science Quarterly* 9.

［255］ Li, C. W. , Wu, K. K. , Johnson, D. E. , et al. 2012. "Moral Leadership and Psychological Empowerment in China. " *Journal of Managerial Psychology* 27 (1).

［256］Li, Q. , Ji, C. , Yuan, J. , et al. 2017. "Developing Dimensions and Key Indicators for the Safety Climate within China's Construction Teams: A Questionnaire Survey on Construction Sites in Nanjing. " *Safety Science* 93.

［257］Li, S. , Scullion, H. 2006. "Bridging the Distance: Managing Cross-border Knowledge Holders. " *Asia Pacific Journal of Management* 23 (1).

［258］Li, Y. L. , Badri, M. S. 2010. "The Effect of Cultural Intelligence on Expatriate Performance: The Moderating Effects of International Experience. " *International Journal of Human Resource Management* 21 (7).

［259］Lin, Z. , Zhao, Z. 2016. "Culture, Expatriation and Performance: Case of Chinese Multinational Enterprises. " *Chinese Management Studies* 10 (2).

［260］Llosa, J. A. , Menéndez-Espina, S. , Agulló-Tomás, E. , Rodríguez-Suárez, J. 2018. "Job Insecurity and Mental Health: A Meta-analytical Review of the Consequences of Precarious Work in Clinical Disorders. " *Anales de Psicología* 34 (2): 211 – 223.

［261］Lunnan, R. , Lervik, J. E. , Traavik, E. M. , et al. 2005. "Cultural Counterpoints: Global Transfer of Management Practices across Nations and MNE Subcultures. " *ACAD Management Perspective* 1 (19).

［262］MacKinnon, D. P. , Lockwood, C. M. , Williams, J. 2004. "Confidence Limits for the Indirect Effect: Distribution of the Product and Re-sampling Methods. " *Multivariate Behavioral Research* 39 (1).

［263］Magdol, L. 2002. "Is Moving Gendered? The Effects of Residential Mobility on the Psychological Well-being of Men and Women. " *Sex Roles* 47 (11 – 12).

［264］ Masia, U. , Pienaar, J. 2011. "Unravelling Safety Compliance in the Mining Industry: Examining the Role of Work Stress, Job Insecurity, Satisfaction and Commitment as Antecedents. " *SA Journal of Industrial Psychology* 37 (1).

［265］ Mathieu, J. E. , Gilson, L. L. , Ruddy, T. M. 2006. "Empowerment and Team Effectiveness: An Empirical Test of an Integrated Model. " *Journal of Applied Psychology* 91 (1).

［266］ Mauno, S. , Kinnunen, U. 2002. "Perceived Job Insecurity among Dual-earner Couples: Do Its Antecedents Vary According to Gender, Economic Sector and the Measure Used?" *Journal of Occupational and Organizational Psychology* 75 (3).

［267］ Mendenhall, E. M. , Oddou, G. 1985. "The Dimensions of Expatriate Acculturation: A Review. " *Academy of Management Review* 10 (1).

［268］ Menon, S. T. 2001. "Employee Empowerment: An Integrative Psychological Approach. " *Applied Psychology* 50.

［269］ Menon, S. T. 2002. "Psychological Empowerment: Definition, Measurement, and Validation. " *International Journal of Cross Cultural Management* 2 (2).

［270］ Mezias, J. M. , Scandura, T. A. 2005. "A Needs-driven Approach to Expatriate Adjustment and Career Development: A Multiple Mentoring Perspective. " *Journal of International Business Studies* 36 (5).

［271］ Mohr, G. B. 2000. "The Changing Significance of Different Stressors after the Announcement of Bankruptcy: A Longitudinal Investigation with Special Emphasis on Job Insecurity. " *Journal of Organizational Behavior* 21 (3).

［272］ Moore, A. M. , Barker, G. G. 2012. "Confused or Multicultural: Third Culture Individuals' Cultural Identity. " *International Journal of*

Intercultural Relations 36.

[273] Moore, S., Grunberg, L., Greenberg, E. 2006. "Surviving Repeated Waves of Organizational Downsizing: The Recency, Duration, and Order Effects Associated with Different Forms of Layoff Contact." *Anxiety Stress & Coping* 19 (3).

[274] Morley, M., Heraty, N., Collings, D. 2006. *International Human Resource Management and International Assignments.* New York, US: Palgrave Macmillan.

[275] Morrison, E. W., Robinson, S. L. 1997. "When Employees Feel Betrayed: A Model of How Psychological Contract Violation Develops." *Academy of Management Review* 22 (1).

[276] Mowday, R., Porter, L., Steers, R. 1979. "The Measurement of Organizational Commitment." *Journal of Vocational Behavior* 14 (2).

[277] Neal, A. F., Griffin, M. A., Hart, P. D. 2000. "The Impact of Organizational Climate on Safety Climate and Individual Behaviour." *Safety Science* 34 (1).

[278] Ng, T. W. H., Sorensen, K. L. 2008. "Toward a Further Understanding of the Relationships between Perceptions of Support and Work Attitudes: A Meta-analysis." *Group & Organization Management* 33 (3).

[279] Nicholson, N., Imaizumi, A. 1993. "The Adjustment of Japanese Expatriates to Living and Working in Britain." *British Journal of Management* 4 (2).

[280] Nickerson, R. S. 1998. "Confirmation Bias: A Ubiquitous Phenomenon in Many Guises." *Review of General Psychology* 2 (2).

[281] Nunes, I. M., Felix, B., Prates, L. A. 2017. "Cultural Intelligence, Cross-cultural Adaptation and Expatriate Performance: A Study with Expatriates Living in Brazil." *Revista de Administração* 52.

［282］ Oberg，K. 1960. "Cultural Shock：Adjustment to New Cultural Environments." *Practical Anthropology* 7.

［283］ Organ，D. W. 1997. "Organizational Citizenship Behavior：It's Construct Clean-up Time." *Human Performance* 10 （2）.

［284］ Osland，J. S. 2000. "The Journey Inward：Expatriate Hero Tales and Paradoxes." *Human Resource Management* 39 （2 – 3）.

［285］ Parker，B. ，McEvoy，G. M. 1993. "Initial Examination of a Model of Intercultural Adjustment." *International Journal of Intercultural Relations* 17.

［286］ Patterson，J. M. 1988. "Families Experiencing Stress." *Family Systems Medicine* 6 （2）.

［287］ Paul，D. N. F. ，Bikos，L. H. 2015. "Perceived Organizational Support：A Meaningful Contributor to Expatriate Development Professionals' Psychological Well-being." *International Journal of Intercultural Relations* 49 （1）.

［288］ Pelit，E. ，Öztürk，Y. ，Arslantürk，Y. 2011. "The Effects of Employee Empowerment on Employee Job Satisfaction：A Study on Hotels in Turkey." *International Journal of Contemporary Hospitality Management* 23 （6）.

［289］ Pellegrini，E. K. ，Scandura，T. A. 2008. "Paternalistic Leadership：A Review and Agenda for Future Research." *Journal of Management* 34 （3）.

［290］ Peltokorpi，V. ，Froese，F. J. 2009. "Organizational Expatriates and Self-initiated Expatriates：Who Adjusts Better to Work and Life in Japan?" *The International Journal of Human Resource Management* 20 （5）.

［291］ Pettigrew，T. F. ，Tropp，L. R. 2006. "A Meta-analytic Test of Intergroup Contact Theory." *Journal of Personality & Social Psychology*

90 (5).

[292] Piccoli, B. , Callea, A. , Urbini, F. , et al. 2017. "Job Insecurity and Performance: The Mediating Role of Organizational Identification. " *Personnel Review* 46 (8).

[293] Pilbeam, C. , Doherty, N. , Davidson, R. , et al. 2016. "Safety Leadership Practices for Organizational Safety Compliance: Developing a Research Agenda from a Review of the Literature. " *Safety Science* 86.

[294] Podsakoff, P. M. , MacKenzie, S. B. , Paine, J. B. , et al. 2000. "Organizational Citizenship Behaviors: A Critical Review of the Theoretical and Empirical Literature and Suggestions for Future Research. " *Journal of Management* 26 (3).

[295] Probst, T. M. 2002. "Layoffs and Tradeoffs: Production, Quality, and Safety Demands under the Threat of Job Loss. " *Journal of Occupational Health Psychology* 7 (3).

[296] Probst, T. M. 2004. "Safety and Insecurity: Exploring the Moderating Effect of Organizational Safety Climate. " *Journal of Occupational Health Psychology* 9 (1).

[297] Probst, T. M. 2005. "Countering the Negative Effects of Job Insecurity through Participative Decision Making: Lessons From the Demand-control Model. " *Journal of Occupational Health Psychology* 10 (4).

[298] Probst, T. M. 2011. "Development and Validation of the Job Security Index and the Job Security Satisfaction Scale: A Classical Test Theory and IRT Approach. " *Journal of Occupational & Organizational Psychology* 76 (4).

[299] Probst, T. M. 2015. "Organizational Safety Climate and Supervisor Safety Enforcement: Multilevel Explorations of the Causes of Accident

Underreporting. " *Journal of Applied Psychology* 100.

[300] Probst, T. M., Brubaker, T. L. 2001. "The Effects of Job Insecurity on Employee Safety Outcomes: Cross-sectional and Longitudinal Explorations. " *Journal of Occupational Health Psychology* 6 (2).

[301] Probst, T. M., Ekore, J. O. 2010. "An Exploratory Study of the Costs of Job Insecurity in Nigeria. " *International Studies of Management & Organization* 40 (1).

[302] Probst, T. M., Laura, P., Claudio, B., et al. 2018. "Safety-Related Moral Disengagement in Response to Job Insecurity: Counter-intuitive Effects of Perceived Organizational and Supervisor Support. " *Journal of Business Ethics* 162.

[303] Qin, C., Baruch, Y. 2010. "The Impact of Cross-cultural Training for Expatriates in a Chinese Firm. " *Career Development International* 15 (3).

[304] Quinlan, M. 2005. *Occupational Health and Safety: International Influences and the New Epidemics.* New York, US: Baywood.

[305] Redmond, M. R., Mumford, M. D., Teach, R. 1993. "Putting Creativity to Work: Effects of Leader Behavior on Subordinate Creativity. " *Organizational Behavior and Human Decision Processes* 55 (1).

[306] Rhee, J., Seog, S. D., Bozorov, F., et al. 2017. "Organizational Structure and Employees' Innovative Behavior: The Mediating Role of Empowerment. " *Social Behavior and Personality an International Journal* 45 (9).

[307] Richardson, J. 2006. "Self-directed Expatriation: Family Matters. " *Personnel Review* 35 (4).

[308] Richardson, J., Mallon, M. 2005. "Career Interrupted? The Case of the Self-directed Expatriate. " *Journal of World Business* 40 (4).

[309] Richardson, J., McKenna, S. 2003. "International Experience and Academic Careers: What Do Academics Have to Say?" *Personnel Review* 32 (6).

[310] Richter, A., NäSwall, K., Bernhard-Oettel, C., et al. 2014. "Job Insecurity and Well-being: The Moderating Role of Job Dependence." *European Journal of Work and Organizational Psychology* 23 (6).

[311] Riggle, R. J., Edmondson, D. R., Hansen, J. D. 2009. "A Meta-analysis of the Relationship between Perceived Organizational Support and Job Outcomes: 20 Years of Research." *Journal of Business Research* 62 (10).

[312] Rosenblatt, Z., Ruvio, A. A. 1996. "Test of a Multidimensional Model of Job Insecurity: The Case of Israeli Teachers." *Journal of Organizational Behavior* 17 (S1).

[313] Roskies, E., Louisguerin, C. 2010. "Job Insecurity in Managers: Antecedents and Consequences." *Journal of Organizational Behavior* 11 (5).

[314] Ruderman, M. N., Ohlott, P. J., Panzer, K., et al. 2002. "Benefits of Multiple Roles for Managerial Women." *The Academy of Management Journal* 45 (2).

[315] Ryan, R. M., Frederick, C. 1997. "On Energy, Personality, and Health: Subjective Vitality as a Dynamic Reflection of Well-being." *Journal of Personality* 65 (3).

[316] Samawi, F. S., Sameer, A. A. R., Ahmed, A. H. 2022. "The Effectiveness of a Training Program Based on Psychological Empowerment to Reduce Future Professional Anxiety among Students." *International Journal of Instruction* 15 (1).

[317] Scott, S. G., Bruce, R. A. 1994. "Determinants of Innovative Be-

havior: A Path Model of Individual Innovation in the Work Place. " *The Academy of Management Journal* 37 (3).

[318] Seibert, S. E. , Wang, G. , Courtright, S. H. 2011. "Antecedents and Consequences of Psychological and Team Empowerment in Organizations: A Meta-analytic Review. " *Journal of Applied Psychology* 96 (5).

[319] Selmer, J. 2002. "Practice Makes Perfect? International Experience and Expatriate Adjustment. " *Management International Review* 42 (1).

[320] Selmer, J. , Ebrahimi, B. P. , Mingtao, L. 2000. "Corporate Career Support: Chinese Mainland Expatriates in Hong Kong. " *Career Development International* 5 (1).

[321] Shaffer, M. A. , Harrison, D. A. , Gilley, K. M. 1999. "Dimensions, Determinants, and Differences in the Expatriate Adjustment Process. " *Journal of International Business Studies* 30 (3).

[322] Shay, J. P. , Baack, S. 2006. "An Empirical Investigation of the Relationships between Modes and Degree of Expatriate Adjustment and Multiple Measures of Performance. " *International Journal of Cross Cultural Management* 6 (3).

[323] Shoss, M. K. 2017. "Job Insecurity: An Integrative Review and Agenda for Future Research. " *Journal of Management* 43 (6).

[324] Silbiger, A. , Pines, A. M. 2014. "Expatriate Stress and Burnout. " *International Journal of Human Resource Management* 25 (8).

[325] Singh, S. , Kodwani, A. D. , Agrawal, R. K. 2013. "Role of Lifestyle Orientation and Perceived Organizational Functioning in Psychological Empowerment of IT Professionals. " *Bench Marking: An International Journal* 20 (3).

[326] Slåtten, T. , Mehmetoglu, M. 2011. "What Are the Drivers for In-

novative Behavior in Frontline Jobs? A Study of the Hospitality Industry in Norway. " *Journal of Human Resources in Hospitality & Tourism* 10 (3).

[327] Sokro, E. , Moeti-Lysson, J. S. 2018. "The Role of Host Country Nationals' Support in Expatriate Adjustment and Assignment Success: A Case of Ghana. " *African Journal of Business and Economic Research* 13.

[328] Sousa, C. , Goncalves, G. , Santos, J. , et al. 2017. "Organizational Practices for the Expatriates' Adjustment: A Systematic Review. " *Journal of Global Mobility: The Home of Expatriate Management Research* 5 (3).

[329] Sparr, J. L. , Sonnentag, S. 2008. "Fairness Perceptions of Supervisor Feedback, LMX, and Employee Well-being at Work. " *European Journal of Work and Organizational Psychology* 17 (2).

[330] Spreitzer, G. M. 1995. "Psychological Empowered in the Workplace: Dimensions, Measurement, and Validation. " *Academy of Management Journal* 38 (5).

[331] Spreitzer, G. M. , Quinn, J. R. E. 1999. "Empowered to Lead: The Role of Psychological Empowerment in Leadership. " *Journal of Organizational Behavior* 20 (4).

[332] Stahl, G. K. , Chua, C. H. , Caligiuri, P. , et al. 2009. "Predictors of Turnover Intentions in Learning-driven and Demand-driven International Assignments: The Role of Repatriation Concerns, Satisfactions with Company Support, and Perceived Career Advancement Opportunities. " *Human Resource Management* 48 (1).

[333] Staines, G. L. 1980. "Spolover versus Compensation: A Review of the Literature on the Relationship between Work and Non Work. " *Human Relations* 33 (2).

［334］ Stamper, C. L. , Johlke, M. C. 2003. "The Impact of Perceived Organizational Support on the Relationship between Boundary Spanner Role Stress and Work Outcomes. " *Journal of Management* 29 (4).

［335］ Stashevsky, S. , Koslowsky, M. 2006. "Leadership Team Cohesiveness and Team Performance. " *International Journal of Manpower* 27 (1).

［336］ Strazdins, L. , Souza, R. M. , Lim, L. Y. 2004. "Job Strain, Job Insecurity, and Health: Rethinking the Relationship. " *Journal of Occupational Health Psychology* 9 (4).

［337］ Suchman, M. C. 1995. "Managing Legitimacy: Strategic and Institutional Approaches. " *Academy of Management Review* 20 (3).

［338］ Su, C. , Kong, L. , Ciabuschi, F. , et al. 2020. "Demand and Willingness for Knowledge Transfer in Springboard Subsidiaries of Chinese Multinationals. " *Journal of Business Research* 109.

［339］ Suutari, V. , Brewster, C. 2000. "Making Their Own Way: International Experience through Self-initiated Foreign Assignments. " *Journal of World Business* 35 (4).

［340］ Suutari, V. , Brewster, C. 2001. "Expatriate Management Practices and Perceived Relevance: Evidence from Finnish Expatriates. " *Personnel Review* 30 (5).

［341］ Suutari, V. , Brewster, C. 2003. "Repatriation: Empirical Evidence from a Longitudinal Study of Careers and Expectations among Finnish Expatriates. " *International Journal of Human Resource Management* 14 (7).

［342］ Suutari, V. , Brewster, C. , Mäkelä, L. , et al. 2018. "The Effect of International Work Experience on the Career Success of Expatriates: A Comparison of Assigned and Self-initiated Expatriates. " *Human Resource Management* 57.

［343］ Sverke, M., Hellgren, J., Näwall, K. 2002. "No Security: A Meta-analysis and Review of Job Insecurity and Its Consequences." *Journal of Occupational Health Psychology* 7 (3).

［344］ Taiwan, A., Na-Nan, K., Ngudgratoke, S. 2017. "The Effects of Personality and Transformational Leadership on Expatriate Adjustment and Expatriate Performance." *International Journal of Applied Business & Economic Research* 15 (22).

［345］ Takeuchi, R. 2010. "A Critical Review of Expatriate Adjustment Research through a Multiple Stakeholder View: Progress, Emerging Trends, and Prospects." *Journal of Management* 36 (4).

［346］ Takeuchi, R., Tesluk, P. E., Yun, S., et al. 2005. "An Integrative View of International Experience." *The Academy of Management Journal* 48 (1).

［347］ Tan, D., Mahoney, J. T. 2006. "Why a Multinational Firm Chooses Expatriates: Integrating Resource-based, Agency and Transaction Costs Perspectives." *Journal of Management Studies* 43 (3).

［348］ Tekleab, A. G., Takeuchi, R., Taylor, M. S. 2005. "Extending the Chain of Relationships among Organizational Justice, Social Exchange, and Employee Reactions: The Role of Contract Violations." *The Academy of Management Journal* 48 (1).

［349］ Templer, K. J., Tay, C., Chandrasekar, N. A. 2006. "Motivational Cultural Intelligence, Realistic Job Preview, Realistic Living Conditions Preview, and Cross-cultural Adjustment." *Group & Organization Management* 31 (1).

［350］ Thibaut, J., Kelley, H. H. 1959. *The Social Psychology of Groups.* Oxford, England: John Wiley.

［351］ Thomas, D. C. 1998. "The Expatriate Experience: A Critical Review and Synthesis." *Advances in International Comparative Management* 12.

［352］ Thomas, K. W. , Velthouse, B. A. 1990. "Cognitive Elements of Empowerment: An 'Interpretive' Model of Intrinsic Task Motivation." *Academy of Management Review* 15 (4).

［353］ Thorn, K. 2009. "The Relative Importance of Motives for International Self-initiated Mobility." *Career Development International* 14 (5).

［354］ Toh, S. M. , Denisi, A. S. 2005. "A Local Perspective to Expatriate Success." *The Academy of Management Perspectives* 19 (1).

［355］ Torbiörn, I. 1982. "Living Abroad: Personal Adjustment and Personnel Policy in the Overseas Setting." *Psyccritiques* 28 (5).

［356］ Tucker, M. F. 2017. "Cross-cultural Adaptation of Corporate Expatriates." *The International Encyclopedia of Intercultural Communication* 12.

［357］ Tucker, M. F. , Bonial, R. , Lahti, K. 2004. "The Definition, Measurement and Prediction of Intercultural Adjustment and Job Performance among Corporate Expatriates." *International Journal of Intercultural Relations* 28 (3 − 4).

［358］ Turnley, W. H. , Feldman, D. C. A. 1999. "Discrepancy Model of Psychological Contract Violations." *Human Resource Management Review* 9 (3).

［359］ Tuuli, M. M. , Rowlinson, S. 2009. "Empowerment in Project Teams: A Multi-level Examination of the Job Performance Implications." *Construction Management and Economics* 27 (5).

［360］ Tuuli, M. M. , Rowlinson, S. , Fellows, R. , et al. 2015. "Individual Level Antecedents of Psychological Empowerment." *Journal of Management in Engineering* 31 (2).

［361］ Vance, C. M. 2005. "The Personal Quest for Building Global Competence: A Taxonomy of Self-initiating Career Path Strategies for Gaining Business Experience Abroad. ” *Journal of World Business* 40 (4).

[362] Vansteenkiste, M. , Ryan, R. M. 2013. “On Psychological Growth and Vulnerability: Basic Psychological Need Satisfaction and Need Frustration as a Unifying Principle. ” *Journal of Psychotherapy Integration* 23 (3).

[363] Wang, D. W. , Li, X. W. , Zhou, M. M. , et al. 2019. “Effects of Abusive Supervision on Employees' Innovative Behavior: The Role of Job Insecurity and Locus of Control. ” *Scandinavian Journal of Psychology* 60 (2).

[364] Wang, H. J. , Lu, C. Q. , Lu, L. 2014. “Do People with Traditional Values Suffer More from Job Insecurity? The Moderating Effects of Traditionality. ” *European Journal of Work & Organizational Psychology* 23 (1).

[365] Wang, H. J. , Lu, C. Q. , Siu, O. L. 2015. “Job Insecurity and Job Performance: The Moderating Role of Organizational Justice and the Mediating Role of Work Engagement. ” *Journal of Applied Psychology* 100 (4).

[366] Wang, J. L. , Wang, H. Z. 2012. “The Influences of Psychological Empowerment on Work Attitude and Behavior in Chinese Organizations. ” *Journal of Business Management* 30 (6).

[367] Ward, C. , Kennedy, A. 1996. “Crossing Cultures: The Relationship between Psychological and Socio-cultural Dimensions of Cross-cultural Adjustment. ” *Asian Contributions to Cross Cultural Psychology*.

[368] Ward, C. , Kennedy, A. 1992. “Locus of Control, Mood Disturbance and Social Difficulty During Cross-cultural Transitions. ” *International Journal of Intercultural Relations* 16 (3).

[369] Ward, C. , Kennedy, A. 1999. "The Measurement of Sociocultural Adaptation. " *International Journal of Intercultural Relations* 23 (4).

[370] Wayne, S. J. , Shore, L. M. , Bommer, W. H. , Tetrick, L. E. 2002. "The Role of Fair Treatment and Rewards in Perceptions of Organizational Support and Leader-member Exchange. " *Journal of Applied Psychology* 87.

[371] Weeks, K. P. , Weeks, M. , Willis, M. K. 2009. "The Adjustment of Expatriate Teenagers. " *Personnel Review* 39 (1).

[372] Weiss, H. M. , Suckow, K. , Cropanzano, R. 1999. "Effects of Justice Conditions on Discrete Emotions. " *Journal of Applied Psychology* 84 (5).

[373] Wheaton, B. 1999. "Social Stress. " *Handbooks of Sociology & Social Research.*

[374] Williams, K. J. , Alliger, G. M. 1994. "Role Stressors, Mood Spillover, and Perceptions of Work-family Conflict in Employed Parents. " *The Academy of Management Journal* 37 (4).

[375] Witte, H. D. 1999. "Job Insecurity and Psychological Well-being: Review of the Literature and Exploration of Some Unresolved Issues. " *European Journal of Work & Organizational Psychology* 8 (2).

[376] Witte, H. D. 2005. "Job Insecurity: Review of the International Literature on Definitions, Prevalence, Antecedents and Consequences. " *SA Journal of Industrial Psychology* 31 (4).

[377] Wu, X. , Gao, J. , Li, Y. , et al. 2019. "Development of a Safety Climate Scale for Geological Prospecting Projects in China. " *International Journal of Environmental Research and Public Health* 16 (6).

[378] Wu, X. , Yin, W. W. , Wu, C. L. , et al. 2017. "The Spillover Effects on Employees' Life of Construction Enterprises' Safety Climate. " *Sustainability* 9 (11).

［379］ Yamazaki, Y. 2010. "Expatriate Adaptation: A Fit between Skills and Demands among Japanese Expatriates in USA." *Management International Review* 50 (1).

［380］ Yan, A. , Hall, Z. D. T. 2002. "International Assignments for Career Building: A Model of Agency Relationships and Psychological Contracts." *The Academy of Management Review* 27 (3).

［381］ Ye, X. , Li, L. , Tan, X. 2017. "Organizational Support Mechanisms to Affect Perceived Over Qualification on Turnover Intentions: A Study of Chinese Repatriates in Multinational Enterprises." *Employee relations* 39 (7).

［382］ Yoo, K. B. , Park, E. C. , Jang, S. Y. , et al. 2016. "Association between Employment Status Change and Depression in Korean Adults." *BMJ Open* 6 (3).

［383］ Yuko, K. , Hideki, H. , Hisashi, E. 2018. "Gender Differences in the Effects of Job Insecurity on Psychological Distress in Japanese Workers: A Population-based Panel Study." *International Archives of Occupational and Environmental Health* 91.

［384］ Zahoor, H. , Chan, A. P. C. , Utama, W. P. , et al. 2017. "Determinants of Safety Climate for Building Projects: SEM-based Cross-validation Study." *Journal of Construction Engineering Management* 143.

［385］ Zeynep, A. 1997. "Expatriate Adjustment as A Multifaceted Phenomenon: Individual and Organizational Level Predictors." *The International Journal of Human Resource Management* 8 (4).

［386］ Zhang, X. , Bartol, K. M. 2010. "Linking Empowering Leadership and Employee Creativity: The Influence of Psychological Empowerment, Intrinsic Motivation, and Creative Process Engagement." *Academy of Management Journal* 53 (1).

［387］ Zhou, J. 2003. "When the Presence of Creative Coworkers Is Related to Creativity: Role of Supervisor Close Monitoring, Developmental Feedback, and Creative Personality. " *Journal of Applied Psychology* 88 (3).

[388] Zimmerman, M. A., Rappaport, J. 1988. "Citizen Participation, Perceived Control, and Psychological Empowerment. " *American Journal of Community Psychology* 16 (5).

[389] Zohar, D. 1980. "Safety Climate in Industrial Organizations: Theoretical and Applied Implications. " *Journal of Applied Psychology* 65 (1).

[390] Zohar, D. 2000. "A Group-level Model of Safety Climate: Testing the Effect of Group Climate on Micro Accidents in Manufacturing Jobs. " *Journal of Applied Psychology* 85 (4).

[391] Zohar, D., Luria, G. 2003. "The Use of Supervisory Practices as Leverage to Improve Safety Behavior: A Cross-level Intervention Model. " *Journal of Safety Research* 34 (5).

图书在版编目（CIP）数据

施工企业外派员工安全绩效的影响机制研究 / 胡艳
著 . -- 北京 ：社会科学文献出版社，2023.4
ISBN 978 - 7 - 5228 - 1604 - 3

Ⅰ . ①施… Ⅱ . ①胡… Ⅲ . ①施工企业 – 外资企业 –
企业安全 – 企业绩效 – 影响因素 – 研究 – 中国 Ⅳ.
①F425

中国国家版本馆 CIP 数据核字（2023）第 054625 号

施工企业外派员工安全绩效的影响机制研究

著 者 / 胡 艳

出 版 人 / 王利民
组稿编辑 / 高 雁
责任编辑 / 颜林柯
文稿编辑 / 陈丽丽
责任印制 / 王京美

出 版 / 社会科学文献出版社·经济与管理分社 （010）59367226
地址：北京市北三环中路甲 29 号院华龙大厦 邮编：100029
网址：www. ssap. com. cn
发 行 / 社会科学文献出版社 （010）59367028
印 装 / 三河市尚艺印装有限公司

规 格 / 开 本：787mm × 1092mm 1/16
印 张：15.25 字 数：218 千字
版 次 / 2023 年 4 月第 1 版 2023 年 4 月第 1 次印刷
书 号 / ISBN 978 - 7 - 5228 - 1604 - 3
定 价 / 138.00 元

读者服务电话：4008918866